本书获江西师范大学社会发展与治理省级协同创新中心资助

从封闭到开放

一个中国乡村社区的
认同与治理

FROM CLOSING TO OPENING
THE IDENTIFICATION
AND GOVERNANCE OF
A CHINESE VILLAGE COMMUNITY

蔡杨 著

社会科学文献出版社
SOCIAL SCIENCES ACADEMIC PRESS (CHINA)

序　言

　　我降生在这片土地上,不超过三十年;有意识开始观察到它的形态,不过也才二十来年;至于理解,更是近几年才有的事情。几十年来,这片广袤土地上所发生的风云变幻,在历史的长河中,也许不过是沧海一粟,然而对于这期间每时每刻都经历着日新月异的人们来说,却是深深切切,有如生命长河里的翻江倒海。

　　在这个开放、流动的社会,在商品经济发展的今天,生活在同样一片土地上的人们,随处都可扎根,可以享有平等生存、生活资源,说着同样的话,做着同样的工作,住着同样的房子,同样有着各色各样的"老家",什么叫作"外来",什么又叫作"本地"呢?

　　同样深刻的变化,还反映在我们的基层——乡村。自古以来,中国就是一个农业大国,农村人口一直占全国人口的大多数。无论时代怎样变迁,从纵向的传承视角来看,即使村庄不断地承续变迁,只要以农业为基础的社会结构不改变,以村落社区为基本单元的社会形态便不会改变。然而从每个横切面比较来看,村落社区及中国的乡村社会一直处于各种变化之中。尤其是,当几千年来固定在一个地方的几亿农民,扛着大包小包,携带家眷坐上火车,奔走于全国各个角落的时候,其中所引发的各种新鲜现象,不断冲击着我们的视觉,震撼着我们的心灵,改变着我们的生活——我们彼此改变着彼此的生活。

　　对乡村问题的研究已经有很多年,衰败也好,兴盛也好,各种论调,轮番上场。乡村本身,却并未理会这些研究争论,自顾自地前进着。有地方的村庄,十室九空,全村的劳力都在发达地区打工生活；有地方的村庄，外来人口不断涌进，超过本村人口数倍之多，将历史一页一页刷新。持衰败观念的人认为，一切对于乡村的补救都是多余的，阻挡不了衰败的继续；持兴盛理念的人，又对即将到来的繁荣，迎接地似乎操之过急。

  博士期间，我与学友讨论哲学问题时曾记下一段思考：我们喜欢用一个序列来理解时间，于是有了昨日、今日和明日的差别。但是这三者的组合可能不是三段东西的线性叠加，而是两个圆相切的结果。于是，这样的话，昨日、今日和明日成为一个切点。人们用（昨日的）危机和（明日的）转机并存来理解（今日的）时机。……如果昨日、今日和明日相切，那么我们就不会因为昨天的灾难，就说我完了；也不会仅因为明天仍有的希望，就说可以明天再算。如果是相切的话，那么明天的希望其实就是今天的事实，而不是一个遥不可及的遐想。于是，所望之事的确具已握在光明之子的手上，而不是封存在未来女神的盒中。于是人们需要的不再是每天忐忑不安地做那惊险的跳跃，而是在记忆和应许下，勇敢并顺服地活着。于是这样，我们就不必在现在与未来间挣扎，而是持定永恒地活在当下。于是，永恒就不是一种未来的期许，而是一种当下的活法和状态。

  这段话后来成为我到 J 村调研时最深切的感受。交织在历史和未来中的 J 村村民，正在热火朝天地奋斗于此刻。他们脸上洋溢着奋斗者的满足和幸福，仿佛此刻的繁华会存续永远。那么，到底什么才是我们这片土地最显微的真实状态？面对乡村衰败和振兴的纠结，我们应该如何正确应对？乡村群体，在经历怎样的变动？我们应该如何迎接这样的变动？在时间的序列里，乡村群体还有没有空间界限？如果没有，那么我们将要以什么样的形态生存和自我管理？如果仍有，它的界限在哪里，在如何变动，会如何变动下去？在变动中，我们又应该以什么样的形态生存和自我管理？为了解答这些，我们只有重回到时间序列里，从过去，寻找到现在，一探究竟。

前　言

　　近代以来，中国的乡村社区及共同体一直处于各种变化之中。一方面，中国农民在乡村社会的生活历程继续推动着乡村社区的自然发展；另一方面，乡村社区的构建同时重合于国家与社会的巨大变革。在这个过程中，国家与社会的关系成为考察中国乡村社区的一个重要视角，中国乡村社区由传统到现代的变迁，在一定程度上反映了国家与社会关系的演进历程。

　　在传统帝国时代，国家与乡村社会呈现离散与合作并行的状态，对于乡村社会分散的小共同体而言，地方权威实质性地承担着管辖权，而国家则运用权力通过地方性权威实现对基层社会的组织、控制和管理。基层治理以州县官府为核心、乡里组织为载体、家族宗族为依托、乡绅精英为支持，既不是完全的自治，也非完全的官治或吏治，而是一种"官督绅办"或"官督绅治"、"双轨政治"或"长老统治"的治理体制，"乡绅配合官府治理乡村"，王权及官僚系统通过乡里组织和乡土士绅对基层社会实行控制，国家与乡村社会在基层社区进行合作治理。

　　而在现代化的过程中，随着现代国家的构建，国家权力进一步深入乡村，乡村治理日益国家化、行政化和官僚化。伴随着国家权力在乡村社会的下沉，国家政权与乡村社会之间的互动关系出现了裂变，乡村社区被进行大规模改造和重新规划。及至新中国成立后至人民公社时期，国家全面介入乡村，传统的家族组织被瓦解、其他来源的权威结构被消解，乡村社区的生产生活一度全部纳入准军事化管理，传统乡村社区的封闭性与国家的离散性被打破，国家权力垄断了社会资源，农民与国家之间的联系被强化，农民作为封闭社区的成员开始对社区与集体产生高度依赖，社区的认同从属于国家权力控制范围。

改革开放之后，随着经济发展和社会流动，乡村社会及社区也变得更加开放，伴随着各种资源和权力的变化，原有的血缘、地缘共同体边界被打破，传统同质性和封闭性的社区共同体出现分化和异质化。然而现有制度下村级组织仍然具有的排他性、封闭性和单位化治理，使事实上已经面对面的国家和乡村社区个体之间，并未建立起直接有效的沟通渠道，国家对个体化、多元化的乡村社区的诉求无法进行有效回应，由此导致乡村治理组织、管理和服务能力不足，不仅造成诸多的社会矛盾，也使乡村社区陷入失序，出现治理危机。

本书以个案来考察上述乡村社区的发展及治理。主要内容分上篇和下篇，以农村改革为时间分界线，对一个我国中部地区乡村社区百年历程展开叙述，描述其从传统社会到改革开放以来的社区变迁，重点考察流动和开放背景下，村庄社区的居民构成、共同体生活方式及社区治理的变化：首先回顾J村的历史；再详细描述流动和开放背景下，以J村为代表的"流入型"村庄社区新的样态、居民构成、一系列的权利困境、认同变迁，展现社区共同体在继续开放与进一步融合之间面临的困境；最后以J村为表述对象，揭示国家权力对村落共同体本身的形塑、村落社区及共同体发展对制度变迁的诉求，并讨论在更深层次流动和开放的转型中，乡村社区重新整合与融合的需求将进一步求诸国家制度的回应，乡村不再是被动的乡村，乡村社会日益显示出其主动性并推动乡村基层治理的变革与发展。

目　录

导　论 ·· 001
 一　问题及缘起 ·· 001
 二　学术史回顾 ·· 010
 三　章节安排及个案说明 ·· 029

上篇　改革开放前的乡村社区认同与治理

第1章　传统乡村的社区边界与农民的生活 ············· 035
 引子　有关J村由来的传说 ······································· 035
 一　血缘、地缘和历史上自然形成的共同体 ············ 038
 二　"集市"：小农的市场交换与经济活动边界 ········· 045
 三　权力划定的区域边界及农民的生活和权利 ········ 052
 四　小结 ··· 059

第2章　集体化背景下的乡村社区与治理 ················ 063
 引子　"我们这些社员" ·· 063
 一　自然、经济、权利边界的重合 ························· 064
 二　公社社员的身份与权利 ···································· 071
 三　小结 ··· 075

下篇　改革开放以来乡村社区的认同与治理

第3章　改革开放以来社区的开放、流动与重组 ······ 081
 引子　同一村庄里的两种生活 ································ 081

一　开放乡村的社区边界 ……………………………… 083
　二　社区的异质化与再聚合 …………………………… 095
　三　小结 ………………………………………………… 108

第4章　"我是谁"：社区身份和认同的重建 ……………… 110
　引子　"外人"和"自己人" ………………………………… 110
　一　身份的尴尬：土地和户籍分化出的四类J村人 …… 111
　二　亲密背后的纠结：四类人的交往和认同 …………… 119
　三　小结 ………………………………………………… 127

第5章　"谁管我"：分化社区中的权利失衡 ……………… 131
　引子　居民的不同权利 …………………………………… 131
　一　权利的分化和混乱 …………………………………… 132
　二　权利诉求困境 ………………………………………… 136
　三　小结 ………………………………………………… 145

第6章　"管不了"：治理缺失的制度根源 ………………… 148
　引子　市、乡、村"干部"的一天 ………………………… 148
　一　"管"：公共产品与公共服务的有限提供 …………… 150
　二　"管不了"：当前的乡村治理困境 …………………… 155
　三　小结 ………………………………………………… 161

结论　从封闭走向开放的乡村社区融合与治理 …………… 163

参考文献 …………………………………………………… 171

附　录 ……………………………………………………… 190
　附录一　调查问卷 ………………………………………… 190
　附录二　座谈/访谈提纲 ………………………………… 208

导　论

一　问题及缘起

人类自产生之后，迫于个体无法应付大自然的生存危机，形成了以血缘为维系的原始族群，这样的原始族群如同动物一样，有一种血缘上的种群认同边界。自从人类结束了狩猎时代，进入农耕时代，固定在耕地上之后，这种原始聚落便有了一种地域的概念加入，有了一定的地理意义上的范围。村落也从这样的原始聚落发展而来，并使聚落中的人们在农耕、治安防卫、祭祀信仰、娱乐、婚丧以及道德规范等方面，具有了共同体意义上的相互依存关系。此后伴随着农业快速进化，村落及乡村社会亦开始极大发展。

中国历史对进入农耕时代的历程有较为详细的记载，自"神农制作耒耜，黄帝画井分疆，一般浑浑噩噩不知不识之氓，遂得由渔猎时代，进而为畜牧时代，更进而为农耕时代"。[①] 若以《尚书》记载为据，则华夏从三代开始，对于农业已经相当重视，并以农事为中心，逐渐发展出土地管理规范和农政制度安排，如《尧典》开篇描述对官员的职务安排，主要涉及授民历法、分封边地、祭祀等，均围绕促进农耕展开。自成周以后，又以农事为

---

① 李文海主编《民国时期社会调查丛编》（一编），福州：福建教育出版社，2004，第135页。

中心,发展出独具特色的基层社会共同体规模及行政区划安排,如《周礼》规定"以土地之图经田野,造县鄙,形体之法。五家为邻,五邻为里,四里为酂,五酂为鄙,五鄙为县,五县为遂,皆有地域,沟树之,使各掌其政令刑禁。以岁时稽其人民,而授之田野,简其兵器,教之稼穑"。一遂为五百家,设置遂师掌管具体政务。如此,由国家权力自上而下进行的一系列促农性制度安排及区划设置,进一步推动了农业和乡村社会的发展。此后历代治乱兴亡之迹,社会政治经济变动,皆以农业为中心。又由于农耕使人和土地高度捆绑,在以农耕为基础的农业时代,不管权力如何介入农民生活,不管朝代如何更迭,以村落为基础单元的中国人类社会形态,始终没有发生根本性改变。

自从社区的概念被提出之后,村落就作为典型的乡村社区,成为考察中国乡村社会变迁乃至国家现代化转型的重要切入点。而对乡村社区的考察大多围绕两个视角展开:一是将乡村社区作为国家制度构建的一个部分,从整个国家制度安排的宏观视角,以"治理"和"制度"为核心探讨中国的基层治理;二是从社区变迁和共同体发展的微观视角,基于村落本身探讨乡村社会、政治、经济、文化发展及共同体认同与融合。其中,对于国家与乡村的关系,一直以来存在两种不同的观点。

一种以"皇(国)权不下县"为核心论点,认为帝国时代国家行政权力止于郡县,"县以下实行自治"。如马克思·韦伯就强调中国"事实上,正式的皇权统辖只施行于都市地区和次都市地区。……出了城墙之外,统辖权威的有效性便大大地减弱,乃致消失"。"'城市'就是官员所在的非自治地区,而'村落'则是无官员的自治地区!"[①] 费孝通也认为传统中国乡村治理一直实行"双轨政治":一方面,通过以皇帝(君主)为中心建立一整套自

---

① 马克斯·韦伯:《儒教与道教》,洪天富译,南京:江苏人民出版社,2003,第77页。

上而下直达县级的官僚体系实施的吏治；另一方面，由乡绅并依托宗族组织及村社伦理实行的自治管理。①"从基层上看去，中国社会是乡土性的"，农民扎根土地、以农谋生、聚村而居、安土重迁、终老是乡，由此形成乡村的伦理本位、熟人社会、差序格局、礼治秩序、长老统治和无讼政治。②张仲礼则通过考察大量历史案例，论证了传统帝国时代乡绅承担乡村基层治理和自治的过程。③秦晖还将此说概括为，"国权不下县，县下惟宗族，宗族皆自治，自治靠伦理，伦理造乡绅"。④

与此相反，另一种观点对于皇权不下县、县下行自治之说提出了质疑，认为传统时代中国乡村并非宗族自治，而是处于中央集权国家严密行政控制之下。虽然在西周时，天子对整个国家的治权有限，然而天子和诸侯早就在各自的封地中依据等级制进行家族式治理，已开始进行有规模的行政区划设置。如上文《周礼》所述，西周初年在王城以外的郊野迁移农户耕种土地，按户数规模设立邻、里、酂、鄙、县、遂等基层行政区划，并设"遂师"进行治理。秦汉建立大一统中央集权国家之后，在全国范围内统一设立郡县，重建行政区划，并打击乡里家族，用分家制度拆分聚居的农户家庭，再用"编户齐民"制度，将农民按照姓名、年龄、籍贯、身份、相貌、财富等情况编入政府户籍，由国家进行统一的道德教化、赋税汲取、人身控制。秦晖通过对走马楼吴简的考证证实，即使汉末地方世家大族兴盛之时，乡村也并非由宗族自治，而是由中央集权国家控制下的乡村社会，即所谓的"编户齐民"社会，或者说是一种"非宗族的吏民社会"。在

---

① 吴晗、费孝通等：《皇权与绅权》，天津：天津人民出版社，1988，第138页。
② 费孝通：《乡土中国　生育制度》，北京：北京大学出版社，1998，第6页。
③ 张仲礼：《中国绅士——关于其在19世纪中国社会中作用的研究》，上海：上海社会科学院出版社，1991。
④ 秦晖：《传统中华帝国的乡村基层控制：汉唐间的乡村组织》，载黄宗智主编《中国乡村研究》（第一辑），北京：商务印书馆，2003，第2页。

他看来,"国权归大族、宗族不下县、县下惟编户主、户失则国危,才是真实的传统"。① 至宋代,伴随着家族庶民化和平民化,支持家族的一些基本制度,如族产制度、宗族制度和宗族组织等开始出现,且延续至清代。国家通过家族体系实现对基层社会的治理,乡里组织成为国家和乡村社会沟通联结的桥梁。西方学者对此亦有相似的判断,如吉尔伯特·罗兹曼曾说过,"19世纪以来某些西方观察家提出:中国的村社是'地方自治主义式的民主'或者是一种'自由的、自我管理的社团',因为地方行政管理的正式结构并没有下伸到农村。这种想法已绝对不可信。所有城镇和农村的家庭,以几十户或几百户为单位组织起来,指派给一定的维持秩序和付税的任务,这些任务通过有组织的集体行动来完成"。②

考量传统乡村社会治理的这两种观点,依据的都是"国家-社会"分析框架:前者认为传统中国有两种互不干扰的秩序中心,一个是官制领域,以国家权威为中心,其对具体社会的整合是文化象征性的;另一个是地方权威,它实质性地承担着管辖权。"两种秩序中间形成安全的隔层"③,在强制与自由、等级与平等的范畴之下互动,国家与社会关系呈现离散的状态,对于乡村社会分散的小共同体而言,国家就是"天高皇帝远"。后者则相反,通过分析过程(历史)因素,从"结构/制度"视角认为国家权力对社会基层实际上进行了严密的行政控制,"普天之下莫非王土,率土之滨莫非王臣"。究竟国家与乡村社会一个个小共同体之间呈现怎样的互动关系,又在传统与现代转型中面临怎

---

① 秦晖:《传统中华帝国的乡村基层控制:汉唐间的乡村组织》,载黄宗智主编《中国乡村研究》(第一辑),北京:商务印书馆,2003,第21页。
② 吉尔伯特·罗兹曼编《中国的现代化》,"比较现代化"课题组译,沈宗美校,上海:上海人民出版社,1989,第78页。
③ 张静:《基层政权——乡村制度诸问题》,杭州:浙江人民出版社,2000,第19页。

样的变迁和挑战，是我们仍然需要厘清的重要问题。

从历史来看，帝国时代国家最基层的政府机构是郡县，皇权只达于县的判断符合历史事实。自秦初至今，县的建制延续达2700多年。郡县是代表"王权"直接处理基层民众和社会事务的机构，也是基层政权组织和法定治理单元。不过，帝国时代"王权只达于县"，仅表明王朝正式的行政机构止于县而已。事实上，历代县以下都存有不同类型、多层次的治理组织，如乡、亭、里、党、闾、邻、族、牌、都、图、村、团、社、区、保、甲、什、伍等。这些基层的乡里组织并非自然形成，其组建和运行受制于王权，根据官府的意图按照人口和地域来划分组建。乡里组织需获得县府衙门的认可，本质上是一种超越家庭血缘的地域性组织，也是基层社会分区治理的一种方式，承担着为国家吸取资源、维持秩序、劝课农桑等基本职责。然而，虽然乡里组织主要基于地域划分，但与家族组织存在难解难分的关系，如费正清描述"中国的社会单元是家庭而不是个人……每个农家既是经济单位，又是社会单位。村子里的中国人直到最近，主要还是按家族组织起来的，其次才组成同一地区的邻里社会"。① 马克斯·韦伯也把中国形容为"家族结构式的国家"。②

因此，即使在中国的帝国时代，国家与乡村的关系也不能割裂开来。一方面，传统中国乡村社会是基于家庭和家族网络而组织起来的，是以家族血缘关系为纽带的血缘共同体。传统农民聚村而居，自然村落是血缘关系或准血缘关系，也是地缘群体。在每个这样的传统社会村落社区中，同质的人们合作共治，亲密无间、相互信任、守望相助、默认一致、服从权威，基于共同信仰和共同风俗，共同保护彼此的生存权利。另一方面，国家则通过

---

① 费正清：《美国与中国》，张理京译，北京：世界知识出版社，2000，第22~28页。
② 转引自费正清《美国与中国》，张理京译，北京：世界知识出版社，2000，第24页。

家族体系运用权力来实现对基层社会的组织、控制和管理。基层治理以州县官府为核心、乡里组织为载体、家族宗族为依托、乡绅精英为主持,既不是完全的自治体制,也非完全的官治或吏治制度,而是一种"官督绅办"或"官督绅治"治理体制,"官府与乡绅在长期的交往之中已达成一种默契,即乡绅有配合官府治理乡村的义务和责任",王权及官僚系统通过亦官亦民的乡里组织和乡土士绅对基层社会实行控制。① 国家与乡村社会共同体的合作治理逐渐内化为一种政治传统,并成为帝国时代基层治理较为稳定的制度化安排。

然而随着19世纪中后期中华帝国趋于没落,我国基层治理的组织建置、治理体系、运行机制、治理精英以及价值取向都在发生深刻变化,民主、自治、政党等现代性因素迅速成长,从传统帝国治理开始向现代民主共和、政党-国家治理转变,村落共同体与国家政权之间的互动关系也出现了裂变。

新中国成立后,中国共产党全面领导、组织与实施,建立了党领导下的基层治理体制。在集体化、工业化和现代化过程中,面对人口众多、组织分散的超大乡村社会,如何实现组织化和制度化是一个艰巨任务。中国共产党作为现代政党,依靠高度集中统一的领导和组织体制,以及对社会生活各个领域巨大的组织能力和动员能力,借助国家政权的力量和执政党组织网络的强大社会控制能力,有力地推进了农业、农村和农民的集体化改造,实现了对乡村基层社会的组织化和制度化。

乡村社区在集体化之后开始有了明确的行政边界划分,形成了以集体经济组织为依托的生产共同体。在这种由国家权力构建的生产共同体之内,边界被固定,人员流动被禁止,血缘、地缘边界与经济边界、权力边界高度重合。尤其是在人民公社体制下,公社成为集党、政、经、军、民、学于一体的乡村基层单

---

① 从翰香:《近代冀鲁豫乡村》,北京:中国社会科学出版社,1995,第36页。

位,"政经不分","政社合一",事实上是一个边界封闭、自给自足的小社会。农民对于所属的集体和社区没有"选择权"和"退出权",农民作为"社员"对于集体和社区有着绝对依赖,表现出强烈的集体意识和社区认同。

20世纪70年代末80年代初,我国实行家庭联产承包责任制改革,改变了人民公社时期的集中经营、集中劳动、统一分配的经营管理方式;乡村市场化和工业化、村民自治也迅速发展;乡村务工经商政策逐步放开,农民的流动性急剧增加。1982年底,中央决定废除人民公社,重建乡镇政权,实行村民自治制度。乡镇作为国家基层政权,依法行政;村民委员会作为村民自治组织,依法自治;乡镇和村之间在法律上不再是行政上的上下级和直接的"领导关系",而是"指导关系"。这种乡村分治体制使国家与乡村社会的关系再次出现了转折。乡村分治体制不仅重新构造了农村基层的行政组织与管理体系,也力图重新划定国家与社会、基层政府与农村自治组织的权力边界。乡村社区的行政边界因而被重新划定,农民与土地的固定联结关系在新的行政村范围内得到制度化确认,户籍和土地由此成为认定"村民"身份的根据,村民则在新的村庄社区共同体内重建了对共同体的认同。

然而随着我国市场化、工业化、城市化、信息化及全球化的深入发展,在现代化过程中形成的开放社会与封闭的乡村基本治理模式产生了矛盾。一方面,在人口流动背景下,村庄社区的封闭性被打破,传统血缘地缘共同体边界也被打破,乡镇和农村体制的重建、经济边界的扩大、村庄社区多种所有制的发展使原来同质的村民呈现异质化。尤其是在经济发展速度较快的重组型"流入村"中,社区居民的身份日益多元,社区内部的地权关系、居民关系也随之呈现复杂化。另一方面,作为基层治理组织的村民委员会,以土地集体所有为基础,且受城乡户籍等二元体制制约,仍具有强烈的封闭性和排他性。在此背景下,传统的基层组织和治理体系如何维系、运作以及生存?如何处理原居民与"外来人员"的关系?"外来人员"是否有权参与居住地村庄的自治事务?如何才能保障"外来人员"的经济、社会及政治权益?"外来人员"如何承担相应的义务和责任?异质化村庄面临怎样的认同困惑与融合难题?这都是现行体制面临的巨大挑战。

现有的研究,无论是从历史还是从现实的考察,都更偏重将政权建设和治理结构作为重点问题,而忽略了国家权力对村落共同体本身的影响,以及制度对小共同体发展诉求的吸纳与回应。然而如上文所述,一方面,随着现代化转型,传统血缘地缘共同体边界被打破,传统乡里组织失去联结国家与社会的功能,而改革之后,"单位制"(在乡村即人民公社)也解体;另一方面,随着国家权力在基层的不断下渗,尤其是税费改革以后,村干部基本工资由政府财政负担并被纳入与乡镇干部相似的管理模式之中,村干部出现角色和身份双重行政化趋势[1]。因此,要进一步讨论乡村治理以回应以上诸多问题,需要转变现有的视角,在考察政权建设和治理结构基础上更进一步深入到历史与现实之中,从村落共同体的视角观察国家与乡村社会基层的具体互动变迁。

基于此,笔者选择了一个历史历程较为完整的J村进行案例考察,试图呈现过去和现在、村落共同体与国家之间的真实互动过程。J村是一个位于中部两省交界的村庄,地处交通要道,有着良好的自然集镇历史基础。本书以农村改革为时间分界线,在国家和乡村社会的互动框架下,分上下两篇展开讨论:首先回顾J村的历史,再详细描述流动和开放之下村庄社区的新样态、居民构成、权利困境、认同变迁,展现社区共同体在继续开放与进一步融合之间面临的困境;最后以J村为表述对象,揭示人口流

---

[1] 景跃进:《中国农村基层治理的逻辑转换——国家与乡村社会关系的再思考》,《治理研究》2018年第1期,第48~57页。

动对村落共同体本身的影响甚至形塑,村庄社区及共同体发展对制度变迁的诉求,及开放和流动背景下中部地区重组化乡村面临的治理困境。

J村地处交通要道和丘陵地区,自宋代以来,战乱频仍,史料片纸难寻,巨量的历史信息只能碎片化地保存在当地村民的历史记忆之中,以"传说"和"故事"的方式呈现。这些口径几乎一致的"传说",似乎也印证了对传统中国小农经济时代的社区稳定描述。在长期的小农经济时代,乡村社区本身的组成模式简单,发展出一套比较完备的生产合作与文化互动模式,形成了内部成员有较为稳定认同、具有良好自我整合功能的、与国家政权有"通道"机制进行有效互动的社会生活共同体。而在近代的历史发展中,一方面,这些自然社区的J村村民们,在社区的生活历程中继续推动着社区及共同体的自然发展;另一方面,社区的构建也重合于国家与社会的巨大变革。这样一个典型的中国乡村社区由传统到现代的变迁过程,在一定程度上反映了国家与社会关系在村庄的演进历程。如今,以J村为代表的"流入型"村庄,村内市场和经济边界进一步扩展,原有的血缘地缘共同体边界被打破,再加上行政区划不断变动,村内居民身份呈现复杂化和异质化的趋势,与村庄社区内现有排他性的自治组织和封闭性的制度边界之间出现矛盾和张力,造成村庄社区内公共事务处理出现困境,影响了共同体内部的认同和融合。因此,在流动和开放背景下,转型中的乡村社会的内生需求开始增多,并不断诉诸相应制度的回应。乡村不再是被动的乡村,乡村社会日益显示出其主动性并影响国家对乡村政策的调整。

本书上下两篇中各章的分析引发三个方面的思考。

第一,对乡村社区边界变迁及其带来社区共同体认同分化的梳理是讨论乡村社区治理的起点。J村社区边界呈现典型的复杂性,从自然村落到自然集镇到"强人"时代的势力范围,再到新中国成立之后从村到镇再复归村的屡次行政规划变迁,复杂的边界变动不断改变社区成员的身份,由于规划性边界又与土地利益和社区权利捆绑,不同身份成员的社区认同出现分化。

第二,社区共同体认同分化与纠结的现状导致了社区融合的困境。对于J村,分析导致当前社区融合困境的原因需要从三个角度着手:历史的影响、制度的制约、现实的挑战。面临多元化的居民构成,作为基层社区组织的村民委员会及村党支部依然是以集体土地所有为基础建立起来的,"村社一体""政经不分"。村集体土地的产权边界决定着村委会及村党支部的人员边界、管理边界、服务边界以及民主自治边界,造成村委会的封闭性、排他性,以及民主、管理和服务的有限性,不仅难以实现有效的公共治理,也难以提供全面的公共服务,使社区居民对共同体的认同及进一步的融合出现困惑。

第三,需针对乡村社区融合困境,探讨在未来如何有序治理、推进乡村治理现代化,推动社区融合发展,实现乡村振兴。在改革、完善土地与户籍等配套制度基础上,需进一步理顺基层党组织、基层政府与乡村社会的关系,乡村治理要区别于乡村社区政治共同体、利益共同体以及社会生活共同体的构建;要在开放、流动的背景下,进一步完善党领导下的村庄治理体系,探索进一步推进村级组织政经分开,在城乡融合的背景下构建乡村社会生活共同体。

带着以上问题,笔者期望通过J村的个案研究来实现对更大区域范围内乡村社区认同与治理实践的比较分析。

二 学术史回顾

(一)以乡村社区及共同体发展为视角

一般公认德国学者滕尼斯(Ferdinand Tonnies,1855—1936)最早提出社区的概念。1887年,滕尼斯出版成名作《共同体与社会:纯粹社会学的基本概念》①(又译为《社区与社会》),提出了"共同体"即"社区"的概念,此后社区受到学界越来越多的重视。社会学和人类学在乡村社会研究中,更是形成了注重村庄社区的学术传统。

1. 国外的社区研究及对中国乡村社区的关注

滕尼斯最初讨论的社区即乡村社区。在《共同体与社会:纯粹社会学的基本概念》中,滕尼斯对照和比较研究了存在于社会共同体与现代社会中的两种截然不同的社会人际关系。他认为,乡村社区就是人们生活的共同体,是一种持久和真正的共同生活载体;共同体又可分为血缘共同体、地缘共同体和精神共同体三种类型。在他看来,"共同体"和"社会"是两个完全不同的概念,体现了两种截然相反的社会人际关系。其中,乡村社区共同体中的人际关系,是一种古老的以自然意志为基础的关系,是一种亲密无间、相互信任、守望相助、默认一致、服从权威并且基于共同信仰和共同风俗的人际关系。按照滕尼斯的看法,传统的村庄是共同体的代表,新兴的商业化城市则是社会的代表;社会是共同体的对立物,城市则是村庄的对立物,二者体现了不同甚至对立的关系,且工业化进程导致现代社会关系代替传统社会关系是一个普遍的规律。

滕尼斯的学术影响是深远的。与他同时代的一些学者,受到《共同体与社会:纯粹社会学的基本概念》启示后,纷纷加入到共同体研究队伍中来,出版了一系列相关著作,如20世纪20年代德国学者H. 普勒斯纳尔的《共同体的界限》、皮希勒尔的《论共同体的逻辑》、格尔达·瓦尔特的《社会的共同体的本体论》、卡尔·敦克曼的《社会的理智的批判——共同体的哲学》等。在社会学家,尤其美国社会学家的努力下,社区研究自20

---

① 斐迪南·滕尼斯(Ferdinand Tonnies):《共同体与社会:纯粹社会学的基本概念》,林荣远译,北京:商务印书馆,1999。

世纪初以来愈加为人们所重视,社区研究的范围不断扩大,对农村社区的研究进一步系统化、具体化和实证化。

如果说《共同体与社会:纯粹社会学的基本概念》主要局限于抽象的哲学层面,那么美国社会学界在 20 世纪则开始了社会学意义上的理论与实证探索。美国社会学界有关社区及乡村社区建设和发展研究的许多成果及研究方法,在全世界都有重要学术地位。社区是美国芝加哥学派的主要概念之一,社区问题也是其最关注的研究课题。20 世纪初叶到中叶,以罗伯特·帕克(Robert E. Park,1864—1944)为代表的芝加哥学派,立足芝加哥都市化进程,从不同方面对诸如犹太人居住区、波兰人居住区、贫民区等不同类型社区及其变迁进行了深入研究,出版了一批富有历史与学术价值的研究成果。

总体来看,这些研究成果主要体现在两个方面。第一,在研究方法上发展了人文区位学(Human Ecology),提出了同心圆理论、扇形理论、多核心理论等。例如,刘易斯·沃斯(Louis Wirth,1897—1952)在其论文《作为一种生活方式的都市》中,分析和论述了人口规模、人口密度与人口异质性三个区位学变量,是如何造成一种更具法理社会特性之生活方式的。第二,运用参与观察法对社区进行综合性实证研究。例如,威廉·怀特(William Foote Whyte)从 1937 至 1940 年,对位于波士顿北面的意大利裔贫民区进行实地考察研究后,出版了《街角社会:一个意大利人贫民区的社会结构》。他把自己作为"街角帮"的一员,置身于"街角帮"的环境与活动中,对马路街边意大利裔青年的生活状况、群体组织结构、活动方式以及与社区内正式和非正式组织的关系进行了仔细观察、记录和分析,围绕该社区的社会结构及相互作用方式提出了一些重要结论,进一步拓宽了社区研究方法。1915 年美国社会学家 F. 法林顿出版的《社区发展:将小城镇建成更适合生活和经营的地方》一书,提出了"社区发展"的概念。1955 年联合国发表了《通过社区发展促进社会进步》

(Social Progress Through Community)专题报告,指出社区发展的目的是动员和教育社区内居民积极参与社区和国家建设,充分发挥创造性,与政府一起大力改变贫穷落后状况,以促进经济的增长和社会的全面进步。进入20世纪60年代,尤其是70年代以来,联合国的社区发展计划越来越强调经济与社会的协调发展,关注居民以及其他社区成员的"社区参与"和社区管理水平的提高。在此,我们看到国外在对社区进行理论研究的同时,更加关注社区建设和社区发展的实践,研究者不再仅仅是社会的观察者和旁观者,也是社区建设和发展的推动者和实践者。

中国乡村社区问题一直受到国际学术界高度关注。早在20世纪初,一些来华的西方学者就运用社会学的理论和方法对中国乡村社区进行调查。如1920~1925年金陵大学的美国学者卜凯(John Buck)对中国7省17县调查后,先后出版了《中国土地的利用》和《中国土地的利用:统计篇》(金陵大学,1937年);1925年在上海沪江大学的美国学者库尔普(Daniel Kulp),带领学生到广东潮州凤凰村进行家族调查,写出了《南部中国的乡村生活:家族主义的社会学》(1925年)。另外,20世纪上半叶,不少西方学者非常关注中国农村问题及中国农村革命运动,力求理解中国革命的起源和发展。如大卫·克鲁克(David Crook)和伊莎白·柯鲁克(Isabel Crook)1948年在冀南太行山脚下的武安县十里店住了10个月,撰成《十里店:中国一个村庄的革命》(1959年)。新中国成立后他们有机会再到这个村进行调查,又写成《十里店:中国一个村庄的群众运动》(1979年)。与他们类似的是韩丁(William Hinton)。新中国成立前韩丁在山西东南近长治的张村进行过调查,撰写了《翻身:中国一个村庄的革命纪实》(1966年),1971年又回到该村,对新中国成立后该村土改和当时正在进行的"文化大革命"进行调查,出版了《深翻:中国一个村庄的继续革命纪实》(1983年)。

新中国成立以后,西方学者对中国大陆乡村的研究受到很大限制。无奈之下,他们转向中国香港、台湾和澳门地区进行农村实证研究,如帕斯特奈克(Burton Pasternak)先后对台湾南部两个社区进行调查,出版了《两个中国村庄的血缘和社区》。另外,有学者依靠历史文献对中国乡村政治和社会经济史进行考察和研究,如马若孟(1970年)、黄宗智(1966年)、萧公权(1960年;1967年)、施坚雅(William G Skinner, 1965年)、张仲礼(1955年;1962年)等。他们对20世纪上半叶中国乡村社会及社区经济结构变化、国家与农民及乡村社会的关系、士绅的构成和作用及农民的经济行为等,都进行了相当深入的研究。如黄宗智(Philip Huang)在对华北地区乡村分析过程中提出乡村社区发展的过密化理论①,指出农村家庭经济在以单位工作日边际报酬递减为代价的条件下扩展,即所谓的"没有发展的增长"。

20世纪末,中国农村改革取得了巨大成功,由此引起了西方学者的特别关注。一些国际组织和国外学者纷纷投身中国农村开展调查研究,出现了一批有影响的成果。最有代表性的是爱德华·弗里曼等合著的《中国乡村,社会主义国家》,作者是改革后第一批获准进入中国乡村进行实地调查的学者,通过对河北省五公村长达10年的调查,对一个村社区的变化进行了细致入微的分析。1974年,陈佩华(Anita Chan)、赵文词(Richard Madsen)、安戈(Jonathan Unger)对26位从内地一个村流入香港的知青和村民进行了深入访谈,在此基础上合作撰写了《当代中国农村历沧桑:毛邓体制下的陈村》(1996),对改革以前中国乡村社会和社区的矛盾和冲突、乡村管理体制及权力运作、农民的行为方式及社区的道德基础等进行了相当细致的描述和分析。此外,戴慕珍、魏昂德、裴宜理、欧博文、舒绣文、崔大伟等都发表了有影响的成果。

---

① "过密化"(involution)理论在中译版中译为"内卷",出自黄宗智《华北的小农经济与社会变迁》(北京:中华书局,2000)。

2. 中国本土乡村社区的研究及其进展

在我国，社区研究也是从乡村社区研究开始的。最早倡导中国本土化社区研究的是著名人类学家、社会学家吴文藻先生等。20世纪30年代初，他们竭力主张把社区作为社会学的研究对象，进行本土化的实地调查研究，并且组织燕京大学的一批学生身体力行，亲自示范。① 在吴文藻先生的示范和培养下，30~40年代，我国涌现出了一批扎根于中国乡村、研究不同地域和不同民族的社会学家，发表和出版了一批乡村社区研究的成果，如费孝通的《花蓝瑶社会组织》《清河：一个乡镇村落社区》《江村经济》，都是以一个乡村社区为个案，对乡村社区组织、经济进行考察；林耀华的《凉山彝家》《义序的宗族》则以宗族社区为个案，对社区宗族仪式、活动及其与共同体内部的互动展开人类学式的全方位考察。

早在20世纪20~30年代，我国还曾掀起一场乡村建设运动，影响最大的有晏阳初领导的在河北定县的平民教育活动，梁漱溟主持的邹平乡村建设实验和黄炎培领导的江苏乡村教育工作。这些实验形成了乡村建设实验三大中心。这些学者将乡村理论研究与乡村社会建设结合起来，在乡村研究的理论和实践方面，都做出了历史性的贡献。在乡村建设中，不同地方也形成了各具特色的乡村建设模式，如"邹平模式"、"定县模式"、"徐公桥模式"和"无锡模式"等。虽然各地乡村实验的立场、观点和方法不尽相同，但都致力于乡村建设、乡村改造。他们注意到教育、文化、道德、传统、合作及自治等对于农村社会及社区建设具有重大意义，也在一定范围内推进了现代的合作组织，推进了实验区的文化、教育、卫生以及生产的发展。不过，在当时特殊的历史条件下，他们的乡村建设实验成果依然有限，特别是一些实验倚

---

① 研究报告集详见李文海主编《民国时期社会调查丛编》（一编、二编），福州：福建教育出版社，2014。

重教育,力主教育救国,有的甚至主张恢复传统,忽视社会组织、权力结构的改造及下层民众参与,失去了农民的支持和同情,造成"号称乡村运动而乡村不动"的结局。日本侵华战争爆发也使他们失去实验的空间和最后的机会。

20世纪80年代以后,在费孝通等人带领和推动下,社会学专业(以后又衍生出社会工作专业)在我国得以恢复,乡村社区、小城镇社区、城市社区和少数民族社区等研究再度走向兴盛。最具有代表性的成果是由费孝通教授指导的"江苏小城镇研究",中国社会科学院社会学所对我国东、中、西部各类型城市的研究等。进入90年代以后,相关成果的数量和质量更加突出,代表性作品有陆学艺主编的《改革中的农村与农民——对大寨、刘庄、华西等13个村庄的实证研究》(1992年),曹锦清等的《当代浙北乡村的社会文化变迁》(1995年),秦志华的《中国乡村社区组织建设》(1995年),潘乃谷、马戎主编的《社区研究与社会发展》(1996年),王颖的《新集体主义:乡村社会的再组织》(1996年),徐中振、卢汉龙等主编的《社区发展与现代文明:上海市社区发展研究报告》(1996年),王春光的《社会流动和社会重构——京城"浙江村"研究》(1995年)、《中国农村社会变迁》(1996年),吴德隆、谷迎春的《中国城市社区建设》(1996年),王铭铭的《社区的历程——溪村汉人家族的个案研究》(1997年版)和《村落视野中的文化与权力——闽台三村五沦》(1997年),折晓叶的《村庄的再造:一个超级村庄的社会变迁》(1997年),张静的《基层政权——乡村制度诸问题》(2000年),项飚的《跨越边界的社区》(2000年),毛丹的《一个村落共同体的变迁——关于尖山下村的单位化的观察与阐释》(2000年),孙秋云的《社区历史与乡政村治:鄂西土家族地区农村宗族文化与村民自治研究》(2001年),林尚立的《社区民主与治理:案例研究》(2003年),李培林的《村落的终结——羊城村的故事》(2004年),王敬尧的《参与式治理:中国社区建设实证研究》（2006年），等等。在实证研究快速发展的同时，一些乡村社会学教材也相继出版，如李守经主编的《农村社会学》（2000年）、韩明谟编著的《农村社会学》（2001年）等。这些作品通过对农村社区组织、社区结构、社区文化、社会变迁、社区建设及社区发展进行理论概括和分析，深化了学界对于改革以来乡村社会及村落社区变迁的认识。

在社会学研究之外，历史学、政治学、人类学、民族学、经济学及法学等不同领域的学者，也参与到了中国乡村社会及村落社区的研究中。如乔志强主编的《近代华北农村社会变迁》（1998年）、秦晖的《农民中国：历史反思与现实选择》（2003）、张佩国的《近代江南乡村地权的历史人类学研究》（2002年）、周晓虹的《传统与变迁：江浙农民的社会心理及其近代以来的嬗变》（1998）分析了近代我国农村不同区域的乡村社会结构、特点及变迁；朱德新的《二十世纪三四十年代河南冀东保甲制度研究》（1994年）、赵秀玲的《中国乡里制度》（1998年）研究了中国农村基层社区的组织与管理；徐有礼的《30年代宛西乡村建设模式研究》（1999年）、郑大华的《民国乡村建设运动》（2000年）、徐秀丽的《中国农村治理的历史与现状：以定县、邹平和江宁为例》（2004年）考察了20世纪上半叶乡村建设运动；高化民的《农业合作化运动始末》（1999年）、张乐天的《告别理想：人民公社制度研究》（1998）分析了新中国成立后的农村体制与社会变迁；马戎、潘乃谷、周星主编的《中国民族社区发展研究》（2001年）讨论了我国不同民族的社区发展；张厚安等的《中国农村村级治理：22个村的调查与比较》（2000年）、徐勇的《中国农村村民自治》（1997）、项继权的《集体经济背景下的乡村治理：南街、向高和方家泉村村治实证研究》（2002年）、于建嵘的《岳村政治——转型期中国乡村政治结构的变迁》（2001年）、吴毅的《村治变迁中的权威与秩序——20世纪川东双村的表达》（2002年）、胡必亮的《中国村落的制度变迁与权力分配》

（1996年）对农村村民自治、基层民主及乡村社区的权力结构及运行等进行了大量调查分析；周其仁的《产权与制度变迁——中国改革的经验研究》（2002年）、温铁军的《中国农村基本经济制度研究："三农"问题的世纪反思》（2000年）则对农村社区的经济制度进行了深入总结和反思。

进入21世纪后，随着中央加快促进农村社区建设，农村社区建设问题日益受到学界关注，一些学者对新时期农村社区建设展开了长期跟踪和调查。如徐勇提出，农村社区建设是社会主义新农村建设的基点和平台，它不仅在于解决一些实际问题，而且在于通过对基层社会及管理体制的重建和变革，整合农村社区资源，完善农村社区服务，实现上下互动、城乡一体，从而建构政府公共管理与社区自我管理良性互动、公共服务与社区自我服务相互补充的新型制度平台。[①] 其他学者或探讨农村社区建设与建设社会主义新农村之间的关系，或在界定农村社区概念与内涵的基础上，对农村社区的功能、任务、原则及举措进行论述[②]，也有的对推进农村社区建设的思路和对策进行了设想。[③]

（二）以乡村政治经济社会变迁为视角

20世纪90年代中后期开始，乡村治理开始受到学界关注和政府重视。1989年世界银行在概述非洲状况时，首次使用"治理危机"一词，此后"治理"被广泛地应用于发展中国政治发展研究。[④] 随着"治理"理论进入中国学界，"乡村治理"开始成为

[①] 徐勇：《在社会主义新农村建设中推进农村社区建设》，《江汉论坛》2007年第4期，第12~15页。

[②] 黄小晶：《努力建设社会主义农村新社区》，《农业经济问题》2006年第4期，第47~49页。

[③] 肖茂盛：《推进农村社区建设的思路与对策》，《中国行政管理》2007年第6期，第58~60页。

[④] 俞可平：《治理与善治》，北京：社会科学文献出版社，2000，第34页。

一个流行性的学术概念和主张。① 与传统的管理和统治概念不同，治理强调治理主体的多元性、社会组织的参与性、权力运作的交互性、多元主体的合作性以及治理过程的协同性，极大地拓展了乡村研究的空间和视野。近年来，随着乡村治理研究的开展，乡村政治经济与乡村社会变迁成为社会学、人类学和政治学等关注的焦点，国内外学者从国家与社会关系出发，把中国乡村政治经济及乡村社会变迁放在国家政权与村庄权力的博弈之中来考察，提出了一些具有启发性的观点。

1. 国外学者对中国乡村社会变迁的关注

从国家与社会关系来看地方政治的变迁，是西方学术的方法论传统。虽然有学者提出，学术界对中国农村政治及其变迁研究的理论视野或概念框架，主要有国家与社会关系、政治经济学、新制度主义等②，但本书将国家与社会关系作为社会科学研究中广为使用的一个基本范畴来把握，认为它从逻辑上包含了政治经济学、新制度主义等理论框架。

西方学者最早把中国乡村政治经济和乡村社会变迁放在国家政权与村庄权力的互动中来考察，提出了一些具有启发性的观点。如黄宗智对村庄社会变迁的国家政治环境进行了独到解析，认为民国时期的政府有能力把权力延伸入村，但缺乏直接派人入村的治理能力，只能通过村内人来控制自然村，在国家威信日益下降的时局下，那些洁身自好的乡绅选择退避，导致了村庄恶棍

---

① 对于乡村治理的研究以及乡村治理概念的使用已经有不少文献回顾和学术综述。参见贺雪峰、董磊明、陈柏峰《乡村治理研究的现状与前瞻》，《学习与实践》2007年第8期，第116~126页；周朗生《乡村治理的理论诠释——从治理到乡村治理》，《中共云南省委党校学报》2008年第3期，第129~131页；潘琼琼《当前中国乡村治理综述》，《常州大学学报》2012年第1期，第19~22页；徐晓全《当代中国乡村治理结构研究：现状与评析》，《领导科学》2014年第8期，第4~7页。

② 郭正林：《当代中国农村政治研究的理论视界》，《中共福建省委党校学报》2003年第7期。

横行,村庄治理充满了滥用权力的事例和可能,由此加剧了国家与村庄的紧张关系。新中国成立后,新政权迅速确立了计划经济和集体生产制度,把粮食和棉布纳入"统购统销"的政策范围,并不断扩大到农村生产,先是定产定购,然后把所有农户归入集体。在这个基础上,生产队接管了家庭的经济决策权,而国家政权又通过极其详细的生产和征购指令来指挥生产队。因此,农民成了被动的劳动者,最终导致农村经济效率低。1978 年开始的农村改革是以效率为取向的非集体化改革:一方面是国家权力上移和横向收缩,另一方面则形成了分散化的小农经济。结果,站在国家政权面前的,不再是集体,而是一个个单独的农民家庭。国家如何处理同分散农户的政治经济关系,前景并不明朗。①

萧凤霞(Helen F. Siu)的"细胞化社区",通过考察 20 世纪 40 年代广东新会县,剖析了近代以来国家通过培植和拉拢乡村精英控制乡村社会的过程,认为随着国家行政权力的不断延伸,村庄成为被国家控制的政治单位或"细胞组织",造成了乡村社区的国家化倾向。② 杜赞奇(Prasenjit Duara)的"权力的文化网络"③ 将关注点集中于 20 世纪 40 年代前的中国,认为国家与乡村社会相互对抗及制度扭曲的社会根源——在国家权力试图将乡村社会纳入其势力范围的过程中,由于财力无法支撑官僚队伍,国家必须在乡土社会寻求廉价代理人,然而国家代理人的权力异化(利用国家权力盘剥农民)导致农民的反抗,农民所凭借的力量是由"权力的文化网络"所编织起来的跨村民间组织。因此,杜赞奇认为,看起来强大的国家,却会因自身的弱化(国势

---

① 黄宗智:《长江三角洲小农家庭与乡村发展》,北京:中华书局,1992,第 8~74 页。
② Helen F. Siu, *Agents and Victims in South China: Accomplices in Rural Revolution* (Yale University Press, 1989), pp. 22-35.
③ 杜赞奇:《文化、权力与国家:1900—1942 年的华北农村》,王福明译,南京:江苏人民出版社,1994,第 5~12 页。

衰败、财政短缺、制度松弛等）而控制不了乡村社会的抵制和反叛。

有学者重点考察了改革前后国家与农民的关系。舒绣文的"蜂窝结构"理论，认为人民公社时期，中国乡村社会呈现一种"蜂窝状"结构，国家权力没有渗入农村，类似于帝国时代乡绅阶层的地方官员是自利的，保护着本土利益，构筑了蜂窝状的保护层。① 戴慕珍则从粮食征购制度这一关键因素，解释了集体化时期农民与国家的依附关系。她提出，国家、生产队和农民之间的权力关系及其利益斗争，是围绕剩余农产品的支配权而展开的；失去土地的农民，在农业生产、流通都高度集体化的体制中是不可能支配农业剩余的，根本原因是他们不能自由支配自己，由此导致了农民对代表国家权力的地方干部的制度性依附。崔大伟通过对中国农村非集体化改革的考察，认为农村改革是国家、地方、基层干部和农民多方互动的结果，尤其是不能忽视地方和基层干部对改革进程的决定性影响。②

此外，史天健、墨宁、帕斯特、王海、阿魄曼、金山爱等国外学者，还采纳制度主义分析框架阐释中国乡村变迁。新制度主义重点关注制度、结构、集体行动、公共选择等，更加强调国家、制度的自主性。由于中国村民直选、村民自治等都是建构性的政治制度，制度主义的解释框架展现出分析优势，为人们理解中国乡村社会和社区变迁提供了重要的视角和启示。

2. 国内学者对于国家与乡村关系变迁的研究进展

国内学者对于国家与乡村关系变迁的研究是持续性的，他们

---

① Vivienne Shue, *The Reach of the State: Sketches of Chinese Body Politic* (California: Stanford University Press, 1988), pp. 70 - 71。
② David Zweig, *Freeing China's Farmers: Rural Restructuring in the Reform Era* (M. E. Sharpe, 1997)。

中的大多数研究者以乡村社会为对象，采用国家与社会的研究范式，从历时、过程视角讨论国家与乡村社会关系。

部分学者首先关注乡村变迁场景中国家与乡村的关系。徐勇提出的理论框架很有代表性，他认为村民自治是一个小问题，却能够折射出国家与社会的关系，反映国家与社会的互动过程。① 王铭铭在闽南农村的个案研究，运用吉登斯的政治社会学理论，以国家与社会关系转型框架下的地方性制度变迁为分析的主线，认为村落地方制度的变迁可以折射国家－社会互动的历史。② 于建嵘的《岳村政治——转型期中国乡村政治结构的变迁》和吴毅的《村治变迁中的权威与秩序》，也是从国家与社会关系的理论框架研究 20 世纪中国乡村政治结构及秩序的变迁。于建嵘试图把国家－社会二分法拓展到国家、基层政府、社区组织和村民多方利益交互作用的视野，并从经济、制度和社区三个角度进行历史与逻辑、抽象与具体相结合的分析研究。吴毅借助"村庄场域"（village fields or arena）概念，将国家与社会的关系界定为国家权威与社区权威的互动，由此塑造的村庄秩序是包括村庄政治、经济、社会和文化生活的结构和状态。景跃进则注意到中国基层治理的特色，认为不能直接用国家与社会的二分法来研究中国问题，要充分考虑到党作为一种特殊的政治力量在国家生活、社会生活以及国家与社会关系中的重要作用，主张在乡村基层问题研究中"将政党带进来"，将国家与社会关系二分法发展为政党、政府与社会关系三分法。对国家与乡村关系的探讨，显示出学者们对乡村社会变迁认识的不断深入。

部分学者关注税费改革前后国家对乡村社会的治理能力，强调基层政权在国家与农民之间的中介功能。周飞舟指出，地方政

---

① 徐勇：《中国农村村民自治》（增订本），北京：生活·读书·新知三联书店，2018。
② 王铭铭：《社区的历程——溪汉人家族的个案研究》，天津：天津人民出版社，1997。

府的转型在很大程度上主导了经济和社会的转型。① 潘维从市场经济发展的角度指出,农村基层政权具有作为农民与新兴市场之中介的功能。② 任宝玉、贺庆华从乡村两级权力互动角度,认为乡村关系呈现准行政化与准契约化二重性特征。③ 而随着国家财政体制改革的深入,乡镇政府更是开始谋求独立利益,完成了由国家代理人向国家型经纪角色的转变。税费改革后乡镇政府针对乡村的治理能力出现了变化。一种观点认为,后税费时期治理资源缺乏,乡镇政府日益"悬浮",乡村面临"治理缺位"引发的治理危机。④ 如周飞舟发现税费改革过程中,乡镇财政越来越依赖上级财政转移支付,由对下"汲取性"政权变为与农民关系更为松散的"悬浮性"政权。⑤ 贺雪峰、刘岳认为取消农业税后,乡镇政府治理能力弱化,奉行"不出事逻辑"。⑥ 另一种观点则仍然肯定乡镇政府的治理自主性。如吴理财以税改后农村的利益结构变化为角度,认为乡镇政府在治理资源缺乏情况下,倾向于推进村民自治,试图通过与村委会的合作实现政务。⑦

部分学者在国家与社会的基本框架下,采用政治经济学和新制度主义的理论视角研究乡村治理变迁。如项继权基于理性农民

---

① 周飞舟:《生财有道:土地开发和转让中的政府和农民》,《社会学研究》2007年第1期,第49~81页。
② 潘维:《农民与市场:中国基层政权与乡镇企业》,北京:商务印书馆,2003,第364页。
③ 任宝玉、贺庆华:《准行政化与准契约化:乡村公共权力关系的二重性——以河南省刘乡为个案》,载徐勇、项继权主编《村民自治进程中的乡村关系》,武汉:华中师范大学出版社,2003,第186~210页。
④ 尤琳:《中国乡村关系——基于国家治能的检讨》,博士学位论文,华中师范大学,2013,第4~19页。
⑤ 周飞舟:《从汲取型政权到"悬浮型"政权——税费改革对国家与农民关系之影响》,《社会学研究》2006年第3期,第1~37页。
⑥ 贺雪峰、刘岳:《基层治理中的"不出事逻辑"》,《学术研究》2010年第6期,第32~37页。
⑦ 吴理财:《从税费征收视角审视乡村关系的变迁》,《中州学刊》2005年第6期,第33~36页。

和理性国家的理论假设,通过对集体经济背景下乡村治理结构的研究,发现乡村治理的每一次根本性变革,都与乡村基本经济制度,尤其是产权结构及经营方式的变革密切相关,认为乡村的集体化和集体经济的发展对公共权力的组成、配置、功能、运作及效能等有着多方面的影响,社区产权结构及中国乡村的合作化和集体化不仅是一种经济制度安排,也是一种社会组织方式。[①]

  国内学者也投入大量的时间研究村民自治制度及制度导入引起的治理效果,村委会选举、村民自治制度也成为学者主要的研究对象。从制度上看,从农村基层开始的直接选举,也对国家与社会的关系、国家与农民的关系、国家政治制度的变革带来了深远影响。综合来看,自下而上的村级民主发展既是农村生产关系变革的延续,亦得益于自上而下的改革,中央和地方政府同样成为基层民主的推动力量。同时,广大农村实行的民主化改革,显示了制度建设本身也在塑造人。

  部分学者关注城镇化背景下乡村社会和乡村治理面临的转型。随着我国工业化及城镇化战略的推进,乡村社会更快速地向城市社会转变,农业文明向工业和城市文明转型。不少学者强调城镇化推动了我国农村社会及其治理的进步与变革。然而由于城镇化不仅推动农民的生产、生活、居住、行为和思想观念转变,也推动乡村经济、社会、组织以及城乡关系发生结构性转变,冲击和瓦解了乡村现行的社会秩序和治理体系,因此也有一些学者对于乡村城镇化的发展持批评甚至否定态度。如冯骥才认为快速城镇化尤其是"机械性和功能性"的城镇化,极大地破坏了我国乡土文化和传统,使中华民族失去"家园"和"故乡"。[②] 项继权和刘开创则认为,对于我国乡村发展和治理路径选择的讨论,

---

[①] 项继权:《集体经济背景下的乡村治理:南街、向高和方家泉村村治实证研究》,武汉:华中师范大学出版社,2002。

[②] 摘自《冯骥才"我有一种思想的孤独感"》,《新京报》2013年6月28日,第C06~C07版。

只有将其置于城镇化发展和文明转型背景下，才有可能清醒地认识和准确地把握。①

总之，已有研究为我们把握近代以来乡村社会的变迁提供了较为完整的图景。从中可以窥见在从封闭到开放的现代化转型过程中，乡村社会在各个阶段呈现的历程。在国家与社会研究范式下，学者从政治、经济、制度、政权建设、社区发展方面对乡村社会及其治理展开的讨论，相关研究也描述了乡村社会以及村庄社区与城镇化进程和国家制度变迁过程的互动回应及基本现状。在我国工业化及国家城镇化战略的推动下，未来30年我国城镇化仍将快速发展，乡村社会尤其是村庄社区在生产、生活、居住、行为和思想观念等方面仍面临急剧的现代化转型。现有这些研究，为我们更深入考察乡村社区面临的现代化转型提供了丰厚的文献资料和学术基础。

（三）现有研究的不足

现有的研究，无论是对历史还是对现实的考察，都更偏重将政权建设和治理结构作为重点问题，忽略了国家权力对村落共同体本身的影响，以及制度对小共同体发展诉求的吸纳与回应。即偏重考察"国家与乡村"，而对"国家与村庄"考察不足。现有对乡村社区的研究，多是从"构建"的角度，或是从政策性的角度，从政府或国家等"建设者"和"设计者"的角度出发，将乡村社区置于城镇化进程的附属地位，多将乡村社区建设的目标指向服务于城镇化。然而，乡村社区建设与当前城镇化进程中以城市为中心的趋势有怎样的张力？流动背景下，社区发展的动力何在？在开放的乡村社区中，异质化居民迫切的生活诉求是怎样的？边界不断变迁给乡村共同体发展带来的困境是什么？其背后

---

① 项继权、刘开创：《城镇化背景下中国乡村治理的转型与发展》，《华中师范大学学报》（人文社会科学版）2019年第2期，第1~9页。

的机制又该如何破解？在新时代乡村振兴的大背景下，需要继续对上述问题进行探究和回应。需要改变现有的视角，在考察政权建设和治理结构基础上，深入到历史与现实之中，从村落社区及共同体的视角，从居民以及乡村社区自身的发展诉求上，观察国家与乡村社会基层的具体互动变迁。

首先，城镇化进程给乡村微观社区带来的变迁值得关注。新型城镇化是我国城镇化发展道路的战略选择，也将是影响当前及未来整个国家经济社会发展最重大的实践行动。尤其是，我国新型城镇化发展战略对人口流动、城市布局、体制改革及城乡关系等提出了系列的目标和要求，也提出了大力推进户籍管理、土地管理、社会保障、财税金融、行政管理等制度改革，基本消除阻碍城镇化健康发展的体制机制障碍，这些不仅会对整个国家经济、社会及治理产生深刻的影响，也将推动农民的生产、生活、行为方式和思想观念发生转变，对乡村基层社会治理体系和治理能力带来直接而深刻的挑战。

这一系列变迁和影响，最终落脚的场域是乡村社区共同体。人们普遍注意到，城镇化对乡村社区具有双重影响。一方面，它推动乡村社会发展，加快了乡村经济社会发展，[①] 推动了乡村治理和社区现代化转型。但与此同时，也扩大了乡村社会分层，加剧了乡村社区共同体内部矛盾；加快了农民的流动，导致乡村居民的异质化。在快速的城镇化过程中，农民的生产生活空间将发生转移，农村传统文化，农民的交往方式、交往对象以及生活习惯将被重构；原本同根同族"无隐私"的乡村社会公共空间将发生深刻变化；传统伦理道德和古街、老宅、宗祠等文化载体也可能被颠覆；传统的以"差序格局"为特征的乡村社区共同体面临解体危机，建立在传统乡村伦理和熟人社会基础上的村民自治制

---

① 《国家新型城镇化规划（2014—2020年）》，中央政府门户网站，www.gov.cn，最后访问日期：2014年3月16日。

度受到严峻挑战。① 总之，城镇化步伐的加快，一方面可能给乡村社区发展带来巨大活力，另一方面也可能导致出现一系列突出矛盾和问题。② 只有深入乡村社区，采用共同体观察视角，才能把握城镇化进程中的微观乡村。

其次，流动开放的乡村社区及共同体的发展问题亟待讨论。在现有社区实证研究中，徐勇和徐增阳对流动背景下乡村治理的研究③，以及折晓叶的村庄边界多元化下经济边界开放与社会边界封闭冲突的研究④，最具代表性。徐勇和徐增阳梳理了"流入村"和"流出村"的概念，将两种形态的村庄治理进行了实证比较研究。折晓叶则在梳理村庄的边界概念后，提出经济边界开放状态下的村庄和封闭的社会边界存在冲突，并第一次将开放村庄的居民按照"村籍"进行了分类：一是具有村籍身份的村民；二是"空挂户"，即那些户口已入村册，但不享有与村民同等经济和社会待遇的人；三是外来商户，虽无村籍，但长年在村中经营商业，有定居的趋势；四是外聘人员，主要是村庄聘请来的高级技术人员和管理人员；五是打工者，职业多为体力工人或在生产线上的初级管理人员，流动性很大。这些研究已经初步关注到"流入村"中居民多元化、社区经济边界开放与社会边界封闭的冲突给乡村社区治理带来的困境。

随着21世纪以来税费改革完成、打工潮回流以及农村经济活跃，很多普通村庄在整合之后，同样面临着社区居民异质化问题。一方面，随着现代化转型，传统血缘地缘共同体边界瓦解，传统乡里组织失去相应的社会功能。而现有对于中国乡村社区的

---

① 田雄：《城镇化背景下的农村治理》，《学习时报》2015年1月26日。
② 龚维斌：《中国社会体制改革报告（2016）》，北京：社会科学文献出版社，2016，第65~70页。
③ 徐勇、徐增阳：《流动中的乡村治理——对农民流动的政治社会学分析》，北京：中国社会科学出版社，2003，第1~200页。
④ 折晓叶：《村庄边界的多元化——经济边界开放与社会边界封闭的冲突与共生》，《中国社会科学》1996年第3期，第66~78页。

研究，对开放流动背景下乡村社区共同体作为发展主体与党和政府之间的互动联结的关注不够。

最后，乡村社区边界相关理论研究需要补足。无论是在理论上还是在实践上，人们对于农村社区或农村社会生活共同体的范围与边界，存在不同的认识和分歧。对乡村社区及社会生活共同体的研究大致有四种倾向。①以自然村落为边界，以血缘关系、家族和宗族作为共同体，将自然村落视为农村血缘地缘共同体的基础。②以基层行政区域为边界，将农村最基层的组织与管理单位作为农村社区，由此将历史上的保甲及当今的村民委员会、村公所等都作为村庄社区。③以市场和农民经济活动范围为边界，以农民最基本的经济活动空间作为农村社区和共同体的边界。④按照宗教、文化的范围，将同一文化区域范围作为共同体边界。

人们对于社区的基础和边界有不同的看法，也将农村社区划分为不同的类型，如施坚雅提出"基层市场社区"，另外，还有"单村或联村社区"、"村镇和集镇社区"、"集镇社区"及"庄园社区"等提法，以及历史上存在过的"堡"、"站"、"寨"和"坞"等是一些"特别乡村社区"。① 新中国成立后人民公社的范围远远超出基层市场甚至中间市场或高级市场的范围，自然、经济、权力、文化边界高度重合。改革开放以来，随着市场发展和人员流动，高度重合的社区边界破裂，传统的血缘地缘边界无法维系。从实践上看，由于新农村建设推动了乡村社区建设，乡村社区也有了各种各样的边界划分方法。边界不断变迁给乡村共同体认同带来冲击和影响，进而给社区内部的治理带来困境。那么，在乡村振兴战略下，如何根据乡村社会的现实合理判断社区边界，又如何在开放的经济边界和成员边界中重构权利关系、理

---

① 项继权：《论我国农村社区的范围与边界》，《中共福建省委党校学报》2009年第7期，第4~10页。

顺乡村治理，需要从理论上进行探讨和厘清。

基于此，本书试图通过微观观察，以封闭和开放的变迁为背景，以乡村社区自然、经济、边界的形成，封闭和开放的发展脉络为视角，梳理乡村社区认同和治理变迁的逻辑。

三　章节安排及个案说明

（一）章节安排

本书分为上下两篇共六章，还有导论和结语。

首先是导论。导论主要追溯写作缘起、描述问题、回顾学术史、列出章节内容安排，及对个案村的基本情况及典型性进行简要说明。

上篇有两章，讨论改革开放前的乡村社区认同与治理。近代以来，中国的村落社区及乡村社会一直处于各种变化之中。一方面，中国农民在乡村社区的生活历程中继续推动着社区的自然发展；另一方面，社区的构建同时重合于国家与社会的巨大变革，伴随着国家权力在乡村社会的下沉，乡村社区也经历了大规模改造和重新规划。第1章主要以J村为个案，梳理传统乡村的社区边界与农民的生活。通过回顾J村历史上的几个典型乡村社区边界——血缘地缘边界、市场和经济社区边界及"强权"和"政权"划定的社区区域的形成，了解乡村社区的认同和治理历史脉络。第2章是回顾J村在新中国成立后到人民公社时期的发展历程。集体化后国家全面介入乡村，垄断了乡村社会资源，传统的家族组织被瓦解，其他来源的权威结构被消解，乡村社区的生产生活一度全部纳入准军事化管理，传统乡村社区的封闭性及其与国家的离散性被打破，社区的边界被国家政权重新规划，血缘地缘边界与经济边界、权利边界高度重合，农民与国家之间的联系被强化、对集体和社区产生绝对依赖，表现出强烈的集体意识和社区认同。

下篇有四章，分析改革开放以来乡村社区的认同与治理：流动的背景下，乡村经济和社会边界进一步扩大，原有的血缘、地缘共同体边界被打破，在现代化转型过程中形成的开放社会，与仍然封闭的乡村治理模式产生了矛盾。第3章主要描述在开放和流动的时代背景下，以J村为代表的"流入型"村庄社区既有自然、经济、行政边界被打破，社区及共同体居民开始呈现异质化。按照既有的土地制度和户籍制度两个变量进行类型学的分类，J村现有的居民可以分成四种不同的类型：本村人、本市外村人、本市原国有（集体）单位职工、外省人。第4章主要描述在重新整合的乡村社区中，居民主体的多元化、身份的分化，以及多元化的居民主体新的认同的构建。第5章主要描述分化社区中的居民在既有的乡村社区土地和户籍的限制下，出现的权利分化、诉求困境及带来的秩序混乱。四种人虽然长期共同生活在同一村庄社区，却不断遭遇身份的尴尬，也由于身份的不平等，从而不能享受相同的权利与待遇。在面对村庄公共产品和公共服务的提供时，这四种人不断遭遇权利困境，造成村庄社区内公共事务处理的危机和各种潜在的矛盾。第6章是描述在面对分化的社区、异质的居民和多元的权利诉求下，既有的村委会和地方政府出现应对局限，已经不能适应开放的乡村社区的融合与治理需求。

最后对全文的内容进行总结，并提出初步的结论：乡村社区正是农民不断个体化和国家权力不断向下延伸的发生场域，现代化转型给乡村社区带来实质性的冲击和改变。改革开放以来，随着中国城镇化转型，大量农民开始在城乡之间及乡村内部不同地区之间流动，乡村社会及社区都将变得更加开放，传统同质性和封闭性的社区或共同体出现分化和异质化。然而现有制度下村级组织的封闭性和单位化治理，乡村治理的组织、管理和服务能力不足，不仅造成诸多的社会矛盾，也出现了治理困境。如何构建适应新形势的乡村基层治理体制，成为进一步推动乡村现代化、乡村振兴最迫切的问题。

（二）个案村情况的说明

本书主要从微观层面来探究乡村社区的发展历史和治理脉络，因此只有到实地去进行田野调查，只有对被调查对象进行长时间的观察并与之交流和互动，才有可能获得实质性的收获。因而笔者利用假期前往J村居住，对J村的村民、干部，其属地Y乡的各级工作人员，及L市的一些市县级领导等，进行了深度访谈。作为基层政治的直接参与和实践者，这些访谈对象为笔者提供了极为详尽的资料和生动鲜活的案例，展现了非常真实的乡村社区生活和治理画卷。

J村处于中部两个省的边界，位于H省L市的西北部，于山间一片平岗地发展而来。L市在民国时为重要军事要塞，又因为紧挨河道便利交通，因而成为中部四个省份的货物集散地，是当地的商业重镇，其中J村恰为外省市从北方进入商业重镇L市做生意的必经之路，因而J村的集镇发展由来已久，从最初"小市"到基层市场的形成，不断发展变迁。抗日战争期间，由于J村地处边界、周边皆山，具有良好的战略守备优势，于是被当地军事"强人"占据，实行独立统治。纵观J村的历史，在不同的历史阶段，分别或同时具有血缘地缘共同体、市场和经济共同体、军事"强人"或权力控制下的共同体区域等特征，其共同体及社区类型复杂而全面，对于本书希望了解乡村社区边界变迁及社区发展和治理脉络的研究目标来说，很典型，具有很强的代表性。

同时，J村的个案又具有普遍性和代表性。改革开放以来，J村的基层集市焕发出新的生机，随着商业的繁盛，J村以村内一条十字路口为中心，将一个小小的自然集市发展成为以北部矿山水力资源为依托、承担相邻两省贸易往来中转、辐射周边村庄的农产品买卖和生活消费品采购的乡村商贸中心。在这个过程中，随着乡镇行政区划的不断变动，J村也经历了由村到乡到镇再到村的不断的行政区划变动。于是，在开放流动和国家权力不断向下延伸的背景下，J村原有的血缘地缘共同体边界、经济共同体边界、权力划定的共同体边界不断被打破，社区逐渐由封闭走向开放，社区中居民的成分日益复杂、异质，人们的职业、身份、利益、观念等进一步分化、多元。由于现行土地、户籍制度的封闭性及村级组织的排他性，居民参与社区公共事务、享受社区居民权利出现分化，从而造成社区居民的权利诉求困境和权利混乱。

如果单纯研究个案则对其他的问题没有借鉴意义，然而在案例的基础上提出一些普遍性的问题，则不仅会从理论上推进现有研究，也会在实践上对其他近似现象有启发和借鉴。作为一个普通的中部村庄，J村与周围几个拥有集镇的小村庄并无二致，J村现在的现象和冲突，也是处于现代化转型期和经济迅速发展时期、正在面临重新整合的"流入型"村庄中的普通一个。因而本书选取既具有典型性、全面性，又具有普遍性、代表性的J村为个案，希望能够通过客观细致的描述，综合反映出正在面临重新整合的、开放的村庄社区中的普遍问题。

上 篇
改革开放前的乡村社区认同与治理

第1章 传统乡村的社区边界与农民的生活

引子 有关J村由来的传说

L市位于汉水河畔,自秦朝开始设县,是一座历史悠久的古老小城。到了宋代,因其地处南北交接的军事要冲,开始设置驻军,成为南宋抗金前沿阵地。到了民国初年,L市因水运发达,是中部四个省份的货物集散地,因而商业繁盛,成为汉江中游的商业重镇,并为国民党第五战区司令部所在地。小城经多次行政建置变迁,现正式建置名称为H省L市,属X市所辖县级市,与邻省两市接壤。而在L市的西北部,与邻省接壤的边界,有一座小小的村庄,正是J村。

关于J村的由来,当地方圆几十里流传着各种各样的传说:一是说,从前,在如今的J村以南大约10公里一个现在叫薛村的地方,有一家姓薛的,儿子才娶了媳妇就病逝了,媳妇再嫁到J村这个地方一户陈姓人家来,来的时候发现已经怀孕了——当地人称作"抱肚"(怀着孕再嫁),后来生下来是个儿子,取名叫"陈纪洪(谐音)"。十几年后,陈纪洪长大了,薛家的人却找了来,因为薛家无后,所以要来认亲,寻找继承人。可是这边陈家也只有这一个男孩子,于是两家产生激烈纠纷,后来大概是在别人的调节下,找到了一个办法:陈纪洪一身化作两人,一叫陈纪洪,一叫薛继刚（谐言）①，在J村成一门亲，在薛村也成一门，一年中半年住J村，半年住薛村，J村的后代姓陈，薛村的后代姓薛，这在当地叫作"一门两不绝"。陈薛两姓一直不通婚，因为老人口中都念着"陈薛是一家"。陈纪洪在J村的这一支脉子嗣繁盛，后来慢慢形成了一个血缘村庄，为了纪念先祖，给村庄命名，是为本书中的J村。

还有一种说法与此类似，只是情节稍有不同。说的是，这个孩子长大为一个年轻的小伙子时，有一天要进城去卖货，走到如今的薛村所在的那个地方，肚子突然疼起来，疼的昏死在路边，他醒来发现自己被一对老年夫妇救了。老年夫妇伺候他汤药茶饭，直到他康复。陈纪洪捡回一条命，就认了老年夫妇做干爹干妈。老年夫妇后继无人，就让他采取"一门两不绝"的做法，在薛村娶个妻子，在J村娶个妻子，于是两边子嗣繁衍，后来分别成了J村和薛村两个村落。

在传统农耕时代，大多数自然村落是在血缘、地缘基础上形成的。"随着农田的开垦，家就固定下来了：从一个像人、牲畜和东西一样流动的家，变为不流动的家，犹如土地不流动一样。人在两方面受到束缚：同时受耕作的农田和居住的房屋的束缚，也就是受到他自己的事业的束缚。"② J村附带其相邻几个陈姓为主的村落一起号称"陈半山"，意即半座山都姓陈。以陈姓为主、逐至多姓的J村人，世世代代守着J村附近一片贫瘠的岗地耕种繁衍。

也有当地村民的口述资料推翻了"陈纪洪"的传说，称村庄起源于古地名。J村散布在一片山岗地（土地略有起伏且少水）中，这片山岗原先就叫"鸡笼岗"，取当地方言的

---

① 根据笔者访谈，"薛继刚"这一名字，在下一段的传说中，也同样出现，与"陈纪洪"为同一人。
② 斐迪南·滕尼斯：《共同体与社会：纯粹社会学的基本概念》，林荣远译，北京：商务印书馆，1999，第78页。

谐音，"鸡笼岗"就成了如今的 J 村。在传统的农业社会，地理和生态的局限，限制了农民的耕作范围，同时限定了其居住的范围。J 村周边皆山，村庄整体处于丘陵地区的平岗地带，因此当地居民世世代代耕种和居住皆受到岗地的限制，村庄聚落依岗地聚居分布。

农民生活是受自然环境支配的。处于平岗之地的 J 村，土地贫瘠、缺水，低产的旱作农业与长江流域高人口密度结合，造成本地农业生产的落后。然而 J 村却另有一个重要优势：地处两省交界，又恰是山岭间一片平岗地，因而是相邻省份进入 H 省 L 市的交通要道。清末民初 L 市因水路发达，成为当时的军事和商业重镇，J 村因有交通要道的便利条件，亦随之而发展起集镇商贸，商业所得成为当地农民收入的一个有益补充，也为新中国成立尤其是近年来 J 村集镇的再复兴，埋下了伏笔。

1928 年南京国民政府成立后，实行县、区、乡（镇）、村、里建置，"J 村"正式有文字记载，当地的土语仍称此地为"鸡笼岗"，为当时"A 乡"核心地区。① 在改革开放之前，J 村及附近几个聚落，长期保持稳定的聚居状态，并依血缘地缘、集镇的辐射范围，官方的行政区划，及曾出现过的军事"强人"势力范围而形成几种明显的社区分类：血缘地缘共同体、经济共同体、权力划定区域共同体等。在各个类型的社区或共同体范围之内，农民因基本生存生活需要得到满足、权利可以表达，从而对共同体产生强烈的认同，并形成一种确定的共同体边界。而这些原子化的乡村在各个共同体边界内的稳定，正是传统时代中国基层政治和社会稳定的基础性原因。

---

① 据《L 市市志》（北京：新华出版社，1992），第 666 页，"卷二十九 人物"介绍，鄂西北巨匪陈三儿统辖地区为一个乡 6 个保，名义上其弟为乡长，此乡便为 A 乡，核心地段即当时的 J 村一带。

一 血缘、地缘和历史上自然形成的共同体

人类自产生之后,迫于个体无法应付大自然的生存危机,形成了以血缘维系的原始族群,这样的原始族群如同动物一样,有一种血缘上的种群认同边界。自从人类结束了狩猎时代,进入农耕时代,固定在耕地上之后,这种原始聚落更加有一种地域的概念加入,有了一定的地理意义上的范围。村落也即从这样的原始聚落发展而来,并使聚落中的人们在农耕、治安防卫、祭祀信仰、娱乐、婚丧以及道德规范等方面,具有了共同体意义上的相互依存关系。

(一)"陈半山"与"鸡笼岗":血缘与地缘共同体的形成

J村历史上以"陈"姓为主,与其相邻的北面几个村庄也以"陈"姓为主,被当地合称为"陈半山",意即陈姓占据了这半座山。附近各乡提到J村,都惯常称其为"陈半山"。在传统时代,同宗族同姓的人们聚合在一起,世世代代过着一种"生于斯,长于斯"、休戚与共、同甘共苦、亲密的共同体生活。

从J村的传说,我们可以描绘出"陈半山"的形成史。早期的人类,由于单独的个体无法抵御变幻莫测的自然,于是由家庭产生族群,再以农耕形式固定成为聚落,出于生存的根本利益需求,若干"家"再联合在一起形成了较大的地域群体。大群体的形成取决于居住在一个较广区域里的人的共同利益,人们在这个共同体里与同伴一起,从出生之时起,就休戚与共,同甘共苦。如水、旱等自然灾害以及外人侵略的威胁,不是影响单个的人而是影响住在这个地方的所有人,所以共同居住的人们必须采取协同行动来保护自己——如筑堤、采取救济措施、开展巫术及宗教等活动。此外,耕种、运输、贸易、手工业生产都需要合作,休息和娱乐的需求也把人们集聚在各种形式的游戏和群体娱乐活动

中。因此，人们住在一起，或相互为邻这个事实，产生了对政治、经济、宗教及娱乐等各种组织的需要，① 并逐渐形成血缘、地缘联结的有一定边界的社区。

在《共同体与社会：纯粹社会学的基本概念》这部著作中，滕尼斯认为，乡村社区就是人们生活的共同体，是一种持久共同生活的载体；共同体又可区分为血缘共同体、地缘共同体和精神共同体三种类型。"共同体作为'血缘'的结合，起初是一种肉体血缘的关系，因此用行动和言语表示，在这里，同物品的普遍关系是从属性质的，物品并不是交换的，而是共同占有和享受的。"② 血缘共同体作为行为的统一体发展和分离为地缘共同体，地缘共同体直接表现为居住在一起，而地缘共同体又发展为精神共同体，作为在相同的方向和相同的意向上的纯粹的相互作用和支配。在这种血缘－地缘－精神的递进过程中，共同体内形成三种基本认同：亲属、邻里、友谊。"亲戚有家作为他们的场所，一起生活在一个保护着他们的屋檐下，共同占有和享受着好的东西，在这里，死者被视为看不见的圣灵加以崇拜，仿佛他们还大权在握，还在他们的人的头上庇护着，统治着，因此共同的畏惧和崇敬就更加可靠地维系着和平的共同生活和劳作。普通的人——长久地和在大多数情况下——如果处在家庭的氛围中，为家人所环绕，享受天伦，他会感到最舒服和最快活。这时，他就悠然自适，得其所哉。邻里是在村庄里共同生活的普遍的特性。在那里，居所相近，村庄里共同的田野或者仅仅有农田划分你我之边界，引起人们无数的接触，相互习惯，互相十分熟悉；也使得必须有共同的劳动、秩序和行政管理；土地和水的各种神和圣灵带来福祉，消灾驱邪，祈求恩惠。基本上受到居住在一起制

---

① 费孝通：《江村经济：中国农民的生活》，北京：商务印书馆，2006，第95页。
② 斐迪南·滕尼斯：《共同体与社会：纯粹社会学的基本概念》，林荣远译，北京：商务印书馆，1999，第111页。

约，这种方式的共同体即使人不在，也可能仍然保持着。友谊作为同心协力工作和一致的思想条件和作用，并不取决于亲属和邻里；因此，由于职业或艺术的相同和相似，最容易产生友谊。友谊同前面的关系（亲属、邻里）相比，似乎是建立在偶然或者建立在自由选择的基础之上的。"[1] 于是共同体意识不再受个体主观意志左右，成为一种共同的约定俗成的内容。乡村社区共同体中的人们形成一种亲密无间、相互信任、守望相助、默认一致、服从权威且基于共同信仰和共同风俗的人际关系，并留传下共同体长久的记忆。这也可以解释，何以后来 J 村由于屯兵、战乱、市场发展、姻亲等，迁入的各种姓氏逐渐增多，俨然变成了一个杂姓村，然而"陈半山"的说法一直流传至今。

　　农民生活史是自然环境支配的，因此要写一个村庄的变迁史，还不得不注意环境与社会、政治、经济的相互关系。L 市北高南低，由西北向东南倾斜，呈若干个"鸡爪子"形状的丘岗伸向东南，形成丘陵、平岗、平原三种地形。所谓平岗，即比丘陵略低、又较平原略为起伏。J 村旧时叫作"鸡笼岗"，即在这段丘陵地带的一条平岗上形成的聚落。平岗地虽然土壤较为瘠薄，但较周边丘陵地带石灰岩质的土壤，却要肥沃得多，这也是人们从古至今聚居在 J 村平岗地带的生态方面的原因。

　　从整体农耕情况复盘来看，J 村属副热带大陆性气候，温和湿润，日照充足，四季分明，无霜期长，严寒酷暑时间较短，适宜水稻、小麦、棉花、芝麻、烟叶等农作物生长。然而因地理上处于低山丘陵区，一方面，沟壑纵横，相对高差 20~30 米，地面起伏大，田块零散、面积小，机耕作业困难、耕层浅薄，多在 15 厘米以内；另一方面，耕作土壤又以黏土黄棕壤、红沙岩类黄棕壤为主，有机质在 1% 以下，普遍缺氮、严重缺磷、部分缺钾。

---

[1] 斐迪南·滕尼斯：《共同体与社会：纯粹社会学的基本概念》，林荣远译，北京：商务印书馆，1999，第 66 页。

整体上，J村土壤较为瘠薄，又因历史上该地区水利条件比较差，因而J村历来以种植旱作物为主，习惯广种薄收。新中国成立后，水利条件一度有所改善，水稻种植面积逐渐扩大，还因地制宜种植过果树、茶叶、桐油等经济作物。集体化时代结束以后，水利设施维修和使用费用变高，又因附近引丹大渠的修建将J村地下水逐渐引走，J村遂复为旱地，不再种水稻，以小麦、玉米、棉花为主，形成了麦棉、麦杂的复种方式，小麦成为轮作换茬的主要作物。

在传统农耕时代，由于生产方式的单一化，农民对于土地有着天然的依赖。土地资源相对用之不尽的性质使人们的生存和生活有相对保障。费孝通曾通过一个农民的表述解释了土地给予农民的安全感："地就在那里摆着。可以天天见到它。强盗不能把它抢走。窃贼不能把它偷走。人死了地还在。"① 占有土地的动机与这种安全感有直接关系，"传给儿子最好的东西就是地，地是活的家产，钱是会用光的，可地是用不完的"。② 土地不仅在一般意义上对人们有特殊的价值，并且在一家所继承的财产中有其特殊价值。土地是按照代际规则传递的，人们从自己的父亲那里继承土地。"定居文明中，人们的生活方式不过是上一代的重负，老年人的经验和智慧是至关重要的，因为他们知道什么时候发洪水，什么时候播种。"③ 在祖先的祭祀中加深的亲属情感，叠加土地给生存带来的价值，加深了人们对土地的个人依恋。一方面，在将绵续后代作为重要宗教信仰的传统农耕时代，土地占有的延续变得极为重要。把从父亲那里继承来的土地卖掉，就要触犯道

---

① 费孝通：《江村经济：中国农民的生活》，北京：商务印书馆，2006，第101页。
② 费孝通：《江村经济：中国农民的生活》，北京：商务印书馆，2006，第101页。
③ 张宏杰：《中国史简读》，长沙：岳麓书社，2019，第29页。

德禁忌。同时,由于传统农耕社会的不流动性质,人们"生于斯,长于斯",从刚刚长大成人起,就一直在某一块土地上劳作,因此熟悉这块土地,对土地产生个人感情,进而使土地成为农民人格整体的一部分。土地的经济价值和非经济价值叠加,使土地的交易复杂化——除了在压力真正很大的情况下,在传统社会很少会发现其他转让土地的事例——因而又加固了和农民与土地的捆绑。在 J 村这片岗地上,大家世世代代所种的作物基本一致,生活方式和交往习惯也因此表现出基本的一致性。

J 村以北皆为山脉,这些山脉构成了天然的分界线,划分开两省,也将 J 村的农业发展和生活区域限制在平岗地区。岗地、丘陵、山区的地形不同,造成 J 村村民与周边山区的农民,有不同的耕作和生活方式。他们更易与平原地区接触,平岗地区相对于山区易于生活,也使该地更有居住优势,因此 J 村也成为山区和平原之地联系的一个纽带,J 村这片平岗之地,成为历史上山脉以北的各省向南进入水路发达的 L 市进行商贸往来的重要通道。而 L 村低产的旱作农业与长江流域高人口密度结合,造成 J 村农业生产总体较为薄弱,也激发了本地农民利用交通优势发展集镇贸易、增加收益的积极性。这些都成为 J 村自然集镇形成和发展的重要原因。

(二) 营、寨、楼:历史上一种军事意义的村庄社区规模

在传统时代,血缘和地缘的共同体边界并不是一成不变的,而是流动的。从历史来看,帝国时代国家最基层的政府机构是郡县。郡县是代表"王权"直接处理基层民众和社会事务的机构,也是基层政权组织和法定治理单元。这也是通常人们所称的帝国时代"皇(国)权不下县"的治理体制。不过,尽管帝国时代"王权只达于县",但这仅仅表明王朝正式的行政机构止于县而已。事实上,历代县以下都存有不同类型、多层次的治理组织,如乡、亭、里、党、闾、邻、族、牌、都、图、村、团、社、

区、保、甲、什、伍等，① 这些组织层层节制，直至村落、家户，担负着为国家吸取资源、维持秩序、劝课农桑等基本职责。②

此外，随着南宋兵制的变化，驻屯大军开始兴起，也给基层治理组织带来新的补充。实际上中国自秦汉以来，农民就已习惯于生活在基于乡土的共同体之内，进行小圈子互助，即使离开土地变成士兵，也必然会模仿原来的地缘和亲缘圈子，结成类似的共同体，重新形成一个"熟人社会"，从而增加凝聚力，提高军队作战效率。③ 北宋由于忌惮"兵为将有"，一直采用"三衙体制"的军事制度，将领与士兵没有依附关系，甚至彼此相互不知，保证了将领的忠诚但牺牲了战斗的效率。宋室南下之后，在灭亡的危险面前，不再坚持原来的兵制，听任各地抗金军队自行组织、自我发展，形成了一支支驻屯大军。这些军队实际上实行的是"兵为将有"的体制，所以出现"岳家军""韩家军""吴家军"等，长期驻扎在边陲地区。是以"营""寨""楼"等带有明显军事化特征的村落名称开始出现。

由于历史上地处战略要地的缘故，J村周边形成了一些以军事单位为社区基本规模的自然村落。J村④位于H省L市的最北边，历史悠久，为军事战略要地和经济重镇。其军事重镇发展历程在该L市市志中有详述：⑤ 在秦朝以前此地属于古"阴国"，秦以后置酂、阴二县，至宋代为止经历了1100余年，宋以后改县名，新中国成立以后改L市。L市位居中部四个省份的要冲地带，连接南北，历来为军事要地。三国时，蜀将张飞在此扎过营；南北朝时是齐、魏争战前沿；宋乾德二年（964）设光化军，改县

---

① 赵秀玲：《中国乡里制度》，北京：社会科学文献出版社，1998，第8页。
② （元）马端临：《文献通考》（卷13），杭州：浙江古籍出版社，1988。
③ 张鸣：《中国政治制度史导论》，北京：中国人民大学出版社，2010，第166~171页。
④ 由于J村有过行政建置变迁，有同名镇、乡，因此，本书会以"J村"、"J镇"和"J乡"命名以示区别。
⑤ 见于《L市市志》，北京：新华出版社，1992。

名;南宋为抗金前沿;元初复为军、县,后废军复县;明也设有驻军军营;清同治时设均光营右哨千总署,光绪年设驻塘兵、驻军马战守兵、水师营等,常驻炮艇四艘,辖区内有城堡、山寨47处,为战祸、匪患之见证。

J村西北山脉为两省界山,上有石寨,至今遗留有宋长城遗址。①《说岳全传》和《正德光化县志》上记载,岳飞和金兀术统帅的大军,曾在这里进行过一场战役,岳飞得胜班师之际,觉得这里地处要冲,为兵家必争之地,遂令部将修筑边防墙和营地,派兵据险守之,抵御金兵南侵。攀上据J村直线距离6公里的这座山,5座山头上城堡遗址至今仍清晰可辨,一条长约30公里的山间石墙"游龙"一般将这5座城堡串联起来,即为岳飞下令修建的"长城"。历经870多年风雨,"宋长城"气势依然。它随山就势,由薄层灰岩砌筑而成,石缝整齐交吻,墙面笔直坚固,残存墙面最高处约3米,低处仅辨踪迹,城墙宽1.2~1.5米,每到转角处便筑有战台、烽火台。在山上,仍可见颇具规模的兵寨营房,残存有大小石房60余间,全部用块石、片石等砌筑而成,寨内兵道、壕沟、演兵场等军事设施仍清晰可见(见图1-1)。

图1-1 南宋演兵场遗址

---

① 因历史上曾为楚国地,另一说为楚长城。

上述这种"宋长城"模式的军事营寨遗迹，是当地许多村庄的典型由来。因为地处军事战略要地，L市自古便为屯兵之所，翻阅其地名志，会发现很多村庄名称后缀皆为"营""寨""楼"等，具有强烈的军事色彩。以J村目前所在的乡为例，该乡下辖23个行政村，其中称"××营"的为4个，"××楼"的为1个；J村作为行政村，其下设的7个自然村（小组）中，名称也有"尸场"（官方写作"石场"，当地村民介绍说实际应为"尸场"）"××楼"等，有军事历史痕迹。

军事意义上的营、寨、楼，构成了J村历史上很有特色的一种村庄安排。根据当地人口述，军户以营为单位，安营扎寨，一事战争，一事生产。当朝代更替，或兵荒马乱，营、寨、楼则很容易从正规的屯兵单位落为草寇，设堡，设寨，设楼，为匪自保。然而无论是正规屯兵或兵匪草寇，每个营、寨、楼单位内部，人们彼此协作，协调生产并保护共同体安全，对营、寨、楼有高度的忠诚、依赖和归属感，世代不变。新中国成立后，行政区划深入到各个村组，许多村组单位重设，很多原先一个营盘的大自然村，或被分为不同大队（后为村小组）。然而分离开来的大队，如果从前是同一个营盘的，那么彼此依然联系密切，迄今仍拥有强烈的共同体认同，根据当地人口述，一般都是"不分小队，只认营牌"。人们之间的亲密和信任仍然受到原来营、寨、楼的很大影响。

二 "集市"：小农的市场交换与经济活动边界

如果说农民是生活在一个自给自足的社会中，那么这个社会不仅仅止于村庄，而是以集市为中心的基层市场社区。农民需要从集市中获得在所居住村社中得不到的必要商品，地方产品也需要集市作为输出的出口，集市是乡村生活不可缺少的一部分。而一般来讲,每个经济细胞都有它自己的经济辐射边界,因而从经济角度讲,农民赖以生活的实际社会区域的边界,不是由他所住的村庄的狭窄的范围决定,而是由他的基层市场区域的边界决定的。

(一) 路—街—小市—基层集镇:J村的自然集镇

施坚雅认为,在中国的传统时代后期,市场在中国大地上数量激增并分布广泛,以至于实际上每个农村家庭至少可以进入一个市场。市场无论是作为在村社中得不到的必要商品和劳务的来源,还是作为地方产品的出口,都被认为是乡村生活不可缺少的。"基层市场"一词指一种乡村集市,它满足了农民家庭所有正常的贸易需求:家庭自产不自用的物品通常在那里出售;家庭需要的不自产的物品通常在那里购买。基层市场为这个市场下属区域内生产的商品提供了交易场所,但更重要的是,它是农产品和手工业品向上流动进入市场体系中较大范围的起点,也是供农民消费的输入品向下流动的终点。在基层集镇之上,施坚雅还提出了中间集镇和中心集镇的说法,并将市场的结构,用表做了一个等级分类(见表1-1)。

表1-1 集镇等级分类

中心地类型	市场类型	最大属地
[小市]	[小市]	[小市场区域]
基层集镇	基层市场	基层市场区域
中间集镇	中间市场	中间市场区域
中心集镇	中心市场	中心市场区域
地方城市		城市贸易区域
地区城市		地区贸易区域

资料来源:施坚雅《中国农村的市场和社会结构》,北京:中国社会科学出版社,1998,第5~10页。

施坚雅用一个纯粹抽象的六边形社区模型，来描绘以基层集市为中心的乡村社区经济边界，认为乡村社区在基层市场的覆盖下呈蜂窝状，每个市场区域都被挤成了六边形，以集市为中心，第一个外环有6个村庄，第二个外环有12个村庄，以后每增加一个外环，都比前一个多6个村庄，中国的经验数据证明，中国的情况是两环18个村庄。① 费孝通也提出一种具有启发性的构想，即有两种类型的城市中心——"驻防镇"和"集镇"。前者是有城墙的市镇，后者只具有商业职能。费孝通也提出，在同一等级层次的经济中心地，既可以建立行政中心，也可以建立非行政集镇。施坚雅肯定了费孝通的观点，认为行政和经济中心两个等级系列重合或一致的程度，只有通过一个具体地区的市场结构才能确定。② 虽然学界对施坚雅的"六边形"模型有争议，然而按照经济边界划分社区边界，成为研究乡村社会及社区边界的重要方法。

民国之前的L市，地处汉水流出山区流进平原的交汇处。汉水上游河道狭窄，滩多流急，从L市以下河道变得宽阔，能行数百吨的轮船，因而上下航运船只在此换载为便，L市逐渐成为周边四省份物资集散地。因此，L市属于典型的行政和经济中心两个等级系列重合型：作为重要军事要塞的意义自不必说，作为四省份货物集散地，成为汉江中游的商业重镇。③ J镇作为进入L市的陆路交通要道，其集镇商贸的发展亦由来已久，如果按照施坚雅的分类方法，对L市的中心市场具有经济依赖的J村集镇的

---

① 施坚雅：《中国农村的市场和社会结构》，北京：中国社会科学出版社，1998，第21～23页。
② 转引自施坚雅《中国农村的市场和社会结构》，北京：中国社会科学出版社，1998，第21页。
③ L市地名委员会办公室于1983年7月编写的《H省L市地名志》，第12页，对民国时期L市行政、建筑、商号、军事等，做了简单的勾画。

发展,从"小市"① 到基层市场的形成,处于不断的变迁之中,至新中国成立初期,已经颇具规模。

1. 路—街

"鸡笼岗那个时候是条路",这是笔者所访谈的一位88岁老人开头的第一句。而另一位71岁老人则说"鸡笼岗是一条街"。在距离J村直线距离约9公里的Y村,一位73岁老人也称:"鸡笼岗开始还不是一个集镇,只是一条街。"距离L市城区22.5公里的J村(图1-2中■位置),紧挨邻省,周边尽是丘陵山区(图1-2中▲位置),而其本身却地处平岗,便于行走,成为山后人们进入L市的一条要道,这是在J村出现"鸡笼岗那个时候是条路"说法的原因。正是因为拥有平坦的道路,J村由此成为周边各地人们进入L市进行贸易的必经之路。这些小路立刻成为一个经济体系的动脉和静脉。据当地一位88岁老人的口述,她记得她小的时候常常在家门口,看着外省人牵着牛、背着货往南去L市赶集,走过J村的马路(从老人年龄可以推算其所述大约为1927年)。在她的口中,当时J村只是一条路,还没有什么像样的商铺,在整个L市的经济体系中,主要是过路的功能。②

2. 小市

据老人们回忆,大约在20世纪30年代,J村的马路边开了饭铺——当地人称作"过路店",供来往行人歇脚。有一说,这

---

① 施坚雅将"小市"定义为:"某种'村庄'中存在的市场,通常称为'菜市',专门从事农家产品的平行交换,很多必需品难以见到,实际上不提供劳务或输入品。"(见施坚雅《中国农村的市场和社会结构》,北京:中国社会科学出版社,1998)

② 施坚雅将基层市场的分布归为两种模型:一类常见于地方或地区性城市附近的平原,另一类普遍存在于远离城市中心的山区。并且,施坚雅举实例证明,在远离城市中心的山区模型中,基层集镇,全部位于连接较高层次市场的道路上。本书所调研的J村,显然属于山区模型,而J村,也确是位于连接较高层次市场的道路上。

```
        省界
                        邻省
   H省        ▲▲▲
              J村
              ▲▲▲
        L市
   H省                    省界
```

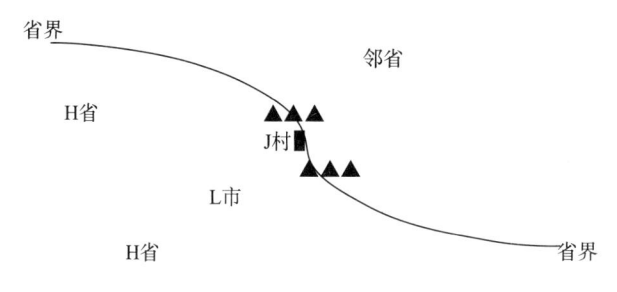

图 1-2　J 村周边地形情况

说明：本图只是作者画的示意。

个饭铺是民国期间盘踞在此的土匪陈三儿①最先开办的，也有一说，陈三儿先开的是一家金铺，随后才开了一个过路店。是否陈三儿最先开办了饭铺，现在已经很难考证，然而从"过路店"开始，J 村的这条马路，除了过路以外，开始具有为了行人方便而产生的一些辅助性商业服务功能。据两位 70 多岁老人回忆，在 20 世纪 40 年代初期，他们印象中的 J 村，都已经是"街"②，J 村那时已经发展出一些有一定交换和物品提供功能的小商铺群，其规模类似于施坚雅所称的"小市"。

3. 集镇

清末民初是近代中国农村商品经济发展较快、社会变迁明显的时期。据当地人口述，J 村发展的一个契机就是"跑老日"。1938 年 5 月，日本侵略军第一次轰炸 L 市（当时为县）。1945 年 3 月 26 日夜，日本侵略军攻打 L 市城郊，经 13 个昼夜激战，4 月 8 日黄昏，城区失陷。县政府迁至汉水西岸，成立战斗指挥部，进行游击战。③ 在此期间，城内的居民开始有规模地大量逃出城外，俗称"跑老日"。据当地老人解释，J 村往北是山区，进山方

---

① 陈三儿，在本书第三章有详述，其为新中国成立前 J 村一带的巨匪，曾以军事力量掌控 J 村一带的经济、行政。
② 受访的两位老人，分别是 73 岁和 71 岁，那么可以推算出，他们均为 20 世纪 30 年代末期出生，那么推算他们的记事年纪，应该为 20 世纪 40 年代初期。
③ 《L 市市志》，北京：新华出版社，1992，第 9 页。

便躲避日本人的追赶和搜寻,另外,当时盘踞在 J 村的土匪陈三儿正在积极抗日,并对境内的难民实施广泛保护,因此 J 村一带成了出逃市民重要的一处投奔地。

"跑老日"时期,从城里由南向北一直逃往 J 村周围深山的人,带动了 J 村主街的集镇贸易发展,主要有三方面原因:一是,由于"跑老日"的人员不断增多,商品需求量陡增,给 J 村小市带来发展契机;二是,J 村继续作为北方邻省来 L 市进行商品贸易的重要通道;三是,抗日战争时期,J 村当地的实际管辖者陈三儿把 J 村设为其据点,不断进行投资①和管理。在时代和交通以及军事"强人"投资管理这三个方面的共同作用下,从 1938 年开始到 1949 年前,J 村逐渐发展成为一条东西向的商业街,成为有客栈、茶馆供来往客商歇脚,也有各类作坊、商铺等供周边村民进行贸易往来的小型集镇。

(二) 基层市场社区——自然集镇辐射范围内的农民生活

中国的市场体系不仅具有重要的经济范围,而且有重要的社会范围。如果说农民生活在一个自给自足的社会中,那么这个社会不是村庄而是基层市场社区。农民的实际社会区域的边界不是由他所住的村庄的狭窄的范围决定,而是由他的基层市场区域的边界决定。②

1. 集镇的地理辐射范围

基层市场社区的边界范围划定有两个必要条件:①在任何一个市场区域内条件最不利的农民,与任何其他区域内条件最不利的村民相比,其不利之处不多也不少;②每个市场区域内条件最不利的村民距离市场的距离达到最低限度。施坚雅曾经计算过

---

① 陈三儿在 J 村先后开办有棉花行、粮行、油坊各一个,窑场两座。
② 杨庆堃在 1934 年的硕士毕业论文《邹平市集之研究》里提出"每一个经济细胞,都有它自己的运营边界",也说明乡村社会以基层市场区域为边界。

1948年中国农村基层市场社区的平均面积和人口，按照施氏的正六边形模型来计算，中国农村基层市场社区的平均密度为150人/平方公里，平均人口为7870人，平均面积为52.5平方公里，最远村民赶集所走平均距离为4.50公里，集镇之间平均距离为7.79公里。①

我们在J村周边访谈的时候，每问及J村集镇和与其相邻的Y乡集镇的分界，老人们都会指"L湾村"，问及原因，老人们总是解释说"15里一集嘛"。15里，即7.5公里，大概就是当地集镇之间的平均距离了。那么，北至邻省的P镇，南至H省的Y乡，此相邻三镇，各自辐射了以集镇为中心的大概半径3.75公里范围之内的乡村社会。我们所调研的J村，虽然属于丘陵地带，且由于战乱的影响，人口不断变动，但由于地处边界，且整体处于汉江中游土地相比尚且肥沃，因此其基层社区的大小刚好处于平均值范围。

2. 集镇辐射区域内的社区

当一个农民对他的基层市场区域的社会状况有了充分的了解，而对基层市场区域之外的社会区域却毫不了解时，会引起某些结构上的后果。这意味着他所需要的劳务——无论是接生婆、裁缝，还是雇工——大部分都会在基层市场区域体系内找到，由此而建立起一个老主顾与受雇用者结成的关系网。这还意味着农民常常在市场社区内缔结姻亲关系。媒人们和适龄小伙子的母亲们有相当大的保证，可以在整个基层市场社区中寻找未来的儿媳，因为他们对体系之外的家庭缺乏了解，无法从那里寻找候选人。总之，基层市场社区中有一种农民阶层内部通婚的特别趋

---

① 施坚雅在《中国农村的市场和社会结构》（北京：中国社会科学出版社，1998）中用图展现"基层市场社区的平均面积和人口"，意在以一个简单的图解模型为基础，证明一个"显著而又极端重要的事实"，即基层市场体系的大小与人口密度呈反方向变化。

向。农民的姻亲结合因此而构成另一个遍布于基层市场社区的血缘网络，并使基层市场社区的共同体结构更为完整。

另外，原本在以农耕为主的封闭时代，农民认识的同村人远比认识的外村人多，但由于市场的出现，农民与本市场社区内外村人的社会联系开始变得广泛，这种广泛联系促进了文化的融合——很难想象任何文化差异都能够在同一基层市场社区内长期存在。同样，因为农民与基层市场社区之外的人很少发生接触，以至于各个市场社区之间逐渐在文化上产生差异。因此，基层市场社区实际上还是一个提供文化支持的平台。文献中有大量的关于中国村庄文化特征的泛泛的论述：每个村庄都有自己的方言、自己的风味食品、人们穿衣戴帽的方式等。一旦基层社区达到了包容农民生活的程度，它就形成了后者的生活方式。只要社区长期存在，它就必然会坚持其一点儿传统。由此，建立在血缘、地缘关系基础上的农村基层共同体为乡民提供了水利、耕作、治安、防卫、祭祀、信仰以及娱乐等的支持和保障，获得了共同体内人们的认同和信任，也形成了一定的共同体边界。

J村亦是如此。据当地老人说，新中国成立前J村附近也曾有过一个与之相似的集镇（邻省界内），后来一是因为其处在一片凹地，四面是坡，无法拓展，且交通不便；二是因为当时它是双集，而J村的集镇不分单双、日日开集，很是便利，最终邻省的集镇没落消失，J村集镇日益兴盛起来。如此，即使是简单的访谈，也能反映出J村人对J村集镇的自豪，并显示出自己与邻省集镇的极大区别。

三 权力划定的区域边界及农民的生活和权利

任何一种对于传统中国社会结构的观察，都必然要注意到行政体系。以郡县为基础的集权体制是帝国时代我国基层治理的基本治理方式。这也是通常人们所称的帝国时代"皇（国）权不下县"的治理体制。不过，也有观点认为传统时代皇权并不止于县，乡村社会同样处于中央集权国家严密行政控制之下，被有规模地设置行政区划。如早在西周初年，周天子即迁移农户到王城以外的郊野耕种土地，按户数规模设立邻、里、酂、鄙、县、遂等基层行政区划，并设"遂师"进行治理。秦汉建立大一统中央集权国家之后，在全国范围内用"编户齐民"制度，将农民按照姓名、年龄、籍贯、身份、相貌、财富情况等编入政府户籍，由国家进行统一的道德教化、赋税汲取、人身控制。至宋代，伴随着家族庶民化和平民化，支持家族的一些基本制度，如族产制度、宗族制度和宗族组织等开始出现。至清代，国家通过家族体系实现对基层社会的治理，乡里组织成为国家和乡村社会沟通联结的桥梁，实现了国家与乡村社会共同体的合作治理。因而这些基层的乡里组织并非完全自然形成，其组建和运行受制于王权，根据官府的意图按照人口和地域来划分组建。在划分组建的过程中，需要考量村庄的地理地势、血缘亲缘、经济市场、历史传统等各方面要素，同时，被行政规划的村庄，也最终内化为各个村庄社区内部认同的边界区分。

（一）"政权"与"强权"：社区的权力控制与行政边界

从历史角度看，帝国时代王权就一直在努力向地方和基层延伸。清末，乡镇自治开始实施，意味着国家正式的政权组织向县下乡镇延伸。1917年山西倡"村本政治"，试行以村为自治单位。村下编闾、邻，五家为邻，设邻长，五邻为闾，设闾长。1922年又行区村制，县下设区、村、闾和邻，国家权力成功地实现了向基层迅速、"合理"和"合法"地扩张，乡镇基层组织逐渐被纳入国家权力体系，其建置、组织、运行及其功能由国家权力来规范。从此，国家权力不再止于县，而是达于乡镇。同时，为了加强对乡村组织的控制，1931年南京政府在江西、湖北、河南、安徽以及福建、陕西、四川和贵州等地推行保甲制度，改闾邻为保甲，将基层社会和民众纳入严密的监控之中。随着国家政权在基层的延伸，L市有过多次行政建置变迁，其中J村亦随之开始有正式建置。

1. J村的建置变迁

清末，L市为县，县下设团（由武装团练演变为军政合一组织），团下设甲、牌。此时的J村，没有相应的文字记载。中华民国成立初，沿清制，于1918年在全县设5区，县城为正区，农村按方位划为东、南、西、北四区，区下辖团，正区设5团、东区7团、西区3团、北区5团、南区4团。区负责人称"区董"。团负责人称"团首"。在当地老人的回忆中，J村附近Y乡①一带的袁氏望族中有一被称作"袁八爷"的，曾是当地的"团首"，按照方位，J村应同属于北区5团其一。

J村有资料可查的建置始于1928年。南京国民政府成立后，L市实行县、区、乡（镇）、村、里建置。全县设11区，其中J村隶属第5区，并由其村名设为区名，隶属N乡，自此J村不再被称为"鸡笼岗"，始有正式文字记载的名称及建置。此后L市不断经历建置变迁：1935年L市（当时为县）并区设乡（镇），全县并为4区55乡（镇），乡（镇）下设保；1936年合区撤乡设联保；1941年撤区撤联保设乡（镇）、保；1946年并乡（镇）合保，农村并为8乡，下辖97保，1422甲。在这段时间，概因J村属于当地军事"强人"陈三儿的势力范围，因而没有再出现在文字性的建置资料中，大致可以推断其囊括在保甲制的范畴之内。

2. 保甲制：国家权力的渗透

民国初年，北方各省乡村制度曾沿袭清末旧制，县下为城、

---

① Y乡与J村相距7.5公里。

镇和乡，城、镇和乡地位同等；南方则自定新制，县下设市和乡。县下的城、镇或市、乡均是自治组织，均有议决机关、执行机关和监督机关，负责本地方的教育、卫生、道路、工程、农业、商务、慈善以及公共营业等。1921年7月，北洋政府公布《市自治制》和《乡自治制》，县下统一为市和乡，实行市、乡自治。1928年9月15日南京政府公布《县组织法》，县下实行四级制：县下划区、区下设村里，村里下编闾，闾内编邻。1929年3月16日南京政府公布《各县划区办法》，后又公布重订的《县组织法》并制订《乡镇自治施行法》等一系列法规，区下村里改为乡镇。在推进基层自治的过程中，乡镇基层组织逐渐被纳入国家权力体系，其建置、组织、运行及其功能由国家权力来规范。从此，国家权力不再是止于县，而是达于乡镇。

1931年南京政府在江西、鄂豫皖以及福建、陕西、四川和贵州等地推行保甲制度，改闾邻为保甲。L市也在20世纪30年代实行了保甲制。区以下的叫保，再下叫"甲"和"牌"。保甲制初始，区董、保董都是由当时所谓"高门望族缙绅"所把持，甲牌长则是他们所控制下的一些地头蛇充当。1933年取消保、甲、牌制；区设区署，置区长；区以下为联保，设联保办公处，置联保主任，将甲牌改称保、甲，置保长、甲长。区、联保及保、甲均由县统一颁发印信（甲长只刻私人名章），区印信叫"关防"、联保印信叫"钤记"、保印信叫"图记"。区"关防"是长方形，它是县的派出机构，非实权机构，钤记和图记都是四方形，级别虽低，却代表恒定的实权单位。1936年春，国民党为了进一步统治人民，借口根据孙中山先生所著的"建国大纲"的规定将革命划为军政、训政、宪政三个阶段，在专署设乡政人员训练班，招收一批人到行政督察专员公署培训，分政治、经文两科，学习结业后回地方分派工作。政治科毕业的派任联保主任，主任负全责；学经文科的派任联保办公处书记，佐理主任负责文牍、经济及内部一切杂务工作。自此区乡（镇）长已经不再是乡绅承担且为无薪俸的岗位，而是由选举或任命产生官吏负责且是有薪俸的岗位。

　　1937年七月七日卢沟桥事变后，抗日军兴后，联保组织又稍扩大：增设联队副一人，专负征兵和军差等工作，增雇员一至二人，搞杂务工作，并设一壮丁班，约十余人，发给枪支弹药，作警卫等工作。此时联保的办公处设悬牌、设岗哨，俨然成为衙门。1940年，国民党又以所谓为实施宪法做准备，裁区并乡（镇），将L市辖区共划为八个镇，下辖近百保。经此改制，乡（镇）—保—甲的基层组织结构算是定型了。保甲制同时实行三位一体制和行政三联制。所谓三位一体制，就是乡（镇）长兼国民兵队长和兼中心小学校长。行政三联制，即乡（镇）长，兼国民兵队长，副乡（镇）长兼民政股主任，警卫股主任兼乡（镇）队副。保与乡（镇）大致相同，不过除民、经、警、文四个干事外无其他属员；不同之处是，除保长、副保长及警卫干事每月有六十斤小麦作为补贴，其他各干事均为纯义务职。设保的基本原则是以"十"为进，特殊情况，一乡多不得超过十五保，少不得少于六保。但为了职权与减轻摊派，一甲的户数，有的达三十户左右，临时户、附住户、流动户（如水上船户）这些户均不作正式户口计算，有的甲竟达四十余户。乡（镇）、保甲人员，主要是奉上级指示工作。他们除抽丁、拉夫、派款、催缴公粮之外，还要维持国民党统治的社会秩序。

　　在传统村落"乡邻"结构中，每户都是以自己为中心，把左右五家组合起来，是一串相互交搭、重叠的单位。而保甲制，是强加于自然村落血缘地缘组织之上，有固定区域的，同人们实际的乡里概念相矛盾的。与此同时，新式学校的建设和西学的兴起，日益动摇了传统乡绅的师统地位。科举的废除割断了乡绅入仕的前途，乡绅在乡间的地位受到很大的冲击，开始向城市流动。而随着国家权力不断向基层扩张，其对基层行政、军事以及财政的汲取压力不断加大。一般乡绅精英开始视乡保为畏途，少数"公正人士持洁身自好姿态,对保甲长人选避而远之"。"以土地起家的庄稼地主与经商致富的商人地主,这类人嫌当保甲太麻烦,大多不愿从政。在外念过书且文化水平较高,与官府有联系或出身高贵的人,他们讲究做大官,多注重外向型发展,对农村基层职务不屑一顾。"① 在社会的急剧变迁中,部分乡绅顺势转变成新兴的商人、企业家和知识分子,不少乡绅则陷入堕落,由失落、愤世到玩世不恭、不负责任。更有甚者则从传统的"社会精英"蜕变为土豪劣绅,横行乡里。乡绅的"劣绅化"不仅大大降低了基层治理的合法性和权威,也加剧了基层治理的混乱与专横。

(二)军事"强人"势力范围下的农民生活

特殊的时代背景、地域特点也有可能影响权力的运作方式。② 清末至新中国成立之前的 L 市一直为经济和军事重镇,是时地方失控、军阀混战、土匪横行、天灾频仍,乡绅的"劣绅化"又加剧了基层治理的混乱与专横,L 市边界地区开始出现由土匪或地方乡绅大户等控制的势力范围。

清末民初,L 市一直为一个经济和军事重镇,战乱不断。抗日战争时又全城沦陷,人民遭受战乱重创,生活艰苦。然而战乱中,L 市开启现代化转型,公路开始修建,J 村亦因位于重要交通要道,因而有一条公路穿村而过。对于公路的修通,当地市志对其有详细记载:"1920 年,境内第一条公路通车。1923 年,多条跨境公路相继通车(其中有一条穿过 J 村)。"③

而当时战乱的时代背景,根据市志记载大致分为三个阶段。

---

① 朱德新:《二十世纪三四十年代河南冀东保甲制度研究》,北京:中国社会科学出版社,1994,第 112 页。
② 参见 Michel Foucault, *Discipline and Punish*, *the Brith of the Prison*, trans. by Alan Sheridan (Vintage Books, 1978)。
③ 《L 市市志》,北京:新华出版社,1992。

先是民国初年军阀混战时期，L 市由于经济和军事重镇的地位，成为军阀争夺的重点。抗日战争时期，L 市成为日军轰炸的重点。从 1938 年日军开始轰炸县城，一直到 1945 年 4 月日军攻占县城，同年，日本侵略者被赶走，县城光复。其间境内军民积极进行了抵抗，并坚持生产。到了解放战争时期，L 市战况相对平稳，经历三次大的战斗之后，L 市实现了解放。其中第三次战斗，主要是剿除了本章记述的重点人物陈三儿。因为到了 1948 年，国民党正规军已经到了强弩之末，便公然把 L 市交由盘踞 J 村的巨匪陈三儿管理，陈三儿负隅顽抗，最终被解放军生擒。

陈三儿在当地的影响非常大，尤其因其是 J 村人，且其盘踞地以 J 村为核心，所以当地至今仍然流传着许多跟其相关的故事。根据口述的整理，陈三儿在 J 村周边的治理，分为几个阶段：一是崛起期，这个时期是陈三儿自 1919 年立山头之后至抗日战争之前，此时陈为了扩张势力、壮大实力，到处打家劫舍强占民产，与一般草寇无异；二是抗日战争时期，陈三儿此时实力强大，被国民党收编给予正规"名分"，积极抗日，并以 J 村为中心建立割据地盘，收容和保护难民，此时陈开始号称"枭雄"；三是解放战争时期，陈屡袭中共地方党委和组织，国民党南逃后，陈被国民党委任"联防指挥官"头衔，盘踞 G 县城内负隅顽抗，在此期间，对城乡民众抓兵、派粮、派款等。我们采访的资料中，有陈三儿招兵、治理和势力影响方面的几个比较典型的故事。

根据这些故事我们了解到，由于 J 村一带号称"陈半山"，旧时陈姓居多，都是本家，因此投奔陈三儿的人一般先是跟陈攀亲或者认亲（当地叫作拜干亲），结成亲属关系，以取得陈的信任。陈三儿在他统治的辖区有绝对的权威，因此在他治理的时代，J 村一带确实治安很好，在那个乱世，难得有这样能够安身立命的地方，所以投奔他的人更多了。J 村的集镇也是那个时候，在陈三儿的管辖和投资下，进一步得到发展，村庄的主干道，成为商铺集中的商业街。

四 小结

英语中的"community"翻译成中文,既可以指"共同体",也可以指"社区"。18世纪以来,伴随着西方工业化和城市化的发展,社会学家首先提出了社区的概念,其中,产生巨大影响的是德国学者滕尼斯(Ferdinand Tonnies)。在滕尼斯看来,乡村社区就是人们生活的共同体,在乡村社区中人们亲密无间、相互信任、守望相助、默认一致、服从权威并且基于共同信仰和共同风俗之上,是以自然意志为基础的关系。① 涂尔干则收紧了共同体概念,他从集体和个人两个对比角度,用"机械团结"来表达共同体,认为"机械团结"的社会在某种程度上是基于所有群体成员的共同感情和共同信仰组成的,表现为一种集体类型,与此相对,"有机团结"则代表了个人人格。韦伯则将共同体概念运用得更为宽泛,讨论了家族共同体、邻里共同体、人种共同体等。费林(Fellin)认为,一个令人满意的共同体应当是一个"有能力回应广泛的成员需要,解决他们在日常生活中遇到的问题和困难的共同体"。② 这使"共同体"的含义突破了血缘关系和地缘关系的限制。20世纪30年代初,费孝通等一些燕京大学社会学系学生在介绍和引入西方现代社会学的经典著作时,将英文"community"翻译成中文"社区"。③ 1955年美国学者希莱利(George A. Hillery)在比较存在的有关社区概念的94种解释后发现,其中69个概念都包括了地域、共同的情感纽带以及社会交往三方面的含义。发展到今天,无论人们对社区及共同体的概念

---

① 裴迪南·滕尼斯:《共同体与社会:纯粹社会学的基本概念》,林荣远译,北京:商务印书馆,1999。
② P. Fellin, *The Community and the Social Workers* (Itasca, IL: F. E. PEACOCK, 2001), p. 70.
③ 黎熙元、何肇发:《现代社区概论》,广州:中山大学出版社,1998。

有多少不同的理解,"一定的地域"、"共同的纽带"、"社会交往"及"认同意识"则是理解社区概念的核心词语,是社区或者说共同体的最基本的要素和特征。①

中国的传统乡村社会是聚群而居的各个自然村落组织,每个自然村落实质是天然的社会生活共同体。正如费正清的观察,"是家庭而不是个人、国家或者教会组成了中国最重要的单位。每个个人的家庭是他经济资助、安全、教育、社会交往和娱乐的主要来源。祭祖甚至是个人主要宗教活动的中心,在儒家的五种著名关系中:君臣、父子、夫妻、兄弟、朋友,三种由亲属关系所定。中国整个伦理体系倾向于以家庭为中心,而不是以上帝或国家为核心"。② 就村落的产生和起源来看,"血缘、地缘"关系共同体是主要的村落聚居形态,自然村落以宗亲、血缘关系为纽带,呈现"差序格局",一般来说,在缺乏外力推动的自然状态下,这种"生于斯,长于斯"的血缘村落不容易改变,只有在人口"繁殖到一定程度,不能在一定地域上集居了"③,才会分离出去另外形成新的村落并繁衍发展,这就使血缘关系进一步拓展出地缘关系(准血缘)。本案例中的J村,历史上以"陈"姓为主,J村与附近另一陈姓为主的村庄,被当地合称为"陈半山",意即陈姓占据了这半座山。时至今日,J村一带农民在介绍村庄和自己时,仍会以与"陈"姓的关系、是否出身于"陈半山"作为身份识别的首要标准,显示出典型的血缘、地缘认同的影响。

20世纪30年代杨季华也曾提出"单姓村"和"多姓村"的区别。其中单姓村落起源,由一家发展扩充直至一个大村落,可以称为"自然起源"。而多姓村是从各处迁徙而来,许多为独立

---

① 项继权:《论我国农村社区的范围与边界》,《中共福建省委党校学报》2009年第7期,第4~10页。
② 费正清、赖肖尔主编《中国:传统与变革》,陈仲丹、潘兴明、庞朝阳译,南京:江苏人民出版社,2012。
③ 费孝通:《乡土中国 生育制度》,北京:北京大学出版社,1998。

的个人或家庭，起初各自生活不往来，随着人口繁衍，开始频繁交涉和往来，并结成好友或者姻亲关系，村庄联系因此逐渐紧密，开始有组织的社会生活，这种可以被称为"组合起源"。① 此外还有学者提出应区别中国"南方村落"和"北方村落"，认为南方村落多为单姓聚族而居，以血缘为联结纽带，构成"血缘共同体"，北方村落则是多姓杂居，家族之间的关系作为村落内部最重要的关系形态，是村落共同体的联结方式，以此为纽带形成"关系共同体"。②

这样的传统村落社区到底有没有边界，学界存在争议。施坚雅按照基层市场体系将中国农村画成一个个呈六边形形状的基层市场社区。戒能孝通则认为中国的村落是一个分散不平等的社会，没有固定的分界线。③ 当代学者经常用社会边界分析中国乡村社会。村落的微观边界是其中一个重要的研究视角。李培林指出一个完整的传统村落具有高度重合的五种边界，即社会边界、文化边界、行政边界、自然边界和经济边界。④ 折晓叶注意到在超级村落形成过程中，存在着经济边界开放与社会边界封闭并存的现象。⑤ 宗族、血缘、地缘等是传统划定村落共同体边界的另一个重要指标。方文研究了宗教与非宗教群体成员身份边界的存在。⑥ 项飚在研究北京浙江村时提出了"跨越边界的社区"的概念。⑦

---

① 杨季华：《皖北农村社会经济实况》，《民国时期社会调查丛编》（一编），福州：福建教育出版社，2014，第126~169页。
② 杨华：《初论"血缘共同体"与"关系共同体"——南北村落性质比较》，《开发研究》2008年第1期，第95~99页。
③ 转引自黄宗智《明清以来乡村社会经济变迁·卷一·华北的小农经济与社会变迁》，北京：法律出版社，2014。
④ 李培林：《村落的终结》，北京：商务印书馆，2000。
⑤ 折晓叶：《村庄边界的多元化——经济边界开放与社会边界封闭的冲突与共生》，《中国社会科学》1996年第3期，第66~78页。
⑥ 方文：《学科制度与社会认同》，北京：中国人民大学出版社，2008。
⑦ 项飚：《跨越边界的社区：北京浙江村的生活史》，北京：生活·读书·新知三联书店，2000。

梳理学界对中国传统社会乡村社区的识别，尤其是社区边界划分上存在的分歧，可以发现，主要有两种倾向：以地域/规划为社区边界的主要划分依据，以联系/认同为主要划分依据。前一种倾向侧重于社区产生的来源，后一种倾向则侧重于社区发展的功能。以地域/规划为依据，常见于自然聚落产生的自然性社区和行政村、乡镇等法定性社区等，历史上产生过的"堡""站""寨""坞"等，以及本书中 J 村经历过的"营""寨""楼"，及因战乱出现过的军事"强人"势力范围等特殊的乡村社区形式。以联系/认同为主要划分依据，常见于以家族和宗族为共同体而形成的社区，如林耀华考察过的福建义序黄氏宗族；或是以最基本的经济活动空间作为乡村社区的边界，如施坚雅提出的"市场共同体"等。

在探讨传统社会乡村社区边界时常出现的这些分歧，透视出传统中国乡村社会的两大特点：村落边界的开放性和村民身份的同质性。村落的起源无论是"自然起源"的"血缘地缘共同体"还是"组合起源"的"关系共同体"，传统社会的村落最终都呈现孟子所谓"出入相友，守望相助，疾病相扶持"的紧密联系的聚居形态。这样的社区本身没有任何外在的强制性，地缘上没有封闭村落。实际上中国传统乡村社区在二重意义上是开放的：村民可以自由地离开村落，也可以后来加入村落；村落没有自然边界，各地的土地相互交错穿插。然而，在每个这样的传统社会村落社区中，村民的身份依然是同质的，是一种以血缘、地缘为交往基础和认同基础的"熟人社会"，人们在共同体里合作共治，共同保护彼此的生存权利，实现村庄的有效自治。

第2章　集体化背景下的乡村社区与治理

引子　"我们这些社员"

J村村委会，在当地人口中叫"大队部"，在访谈一些老农的时候，他们还会称呼自己为"我们这些社员"。原来，村民说的这个"大队"是指人民公社时期的"生产大队"，"社员"也是延续人民公社时期的叫法。从人民公社解体到现在已经有30多年，公社的印迹却在J村里依然常见。

人民公社时期，国家对农村的治理是建立在人民公社及与之相应的计划体制基础上的。国家通过合作化和集体化及人民公社，将中国农村和农民全面组织起来，并将权力延伸到农村基层。口粮制度、工分制度、户籍制度与集体劳动等，在相当程度上限制了农民迁徙、流动和改变身份的自由。从"四清"到"文化大革命"，有序而不断的动员和革命伴随着人民公社制度，以计划经济体制和城乡分离的方式，将农民捆绑在封闭边界的社区里。

人民公社已经结束，然而当时的土地和户籍制度，以及统治性治理的方式，依然对农村产生着不可忽略的影响。因此，作为对现实分析的一个重要参照，对人民公社制度进行历史回顾是非常必要的。

一 自然、经济、权利边界的重合

尽管村落也在缓慢地发生变化,但是村落的特质未变,依然沿着传统的轨迹循环再生。因此,假如革命只限于政权更替,满足于"均田分地",不能改变村落制度,那么革命所带来的创新因素很快就会被村落传统所吸纳,进入新一轮循环。不过,在进退的关键时刻,新中国没有停止前进的脚步,而是继续推进革命,最终在农村创建了一种不同于自然村落的新制度——人民公社。

(一) J村人民公社制度的形成

新中国成立初期,农村基层组织与管理主要有两种体制。一种是实行区、村两级政府体制,即在县以下设立区政权和村政权,分别召开区、村人民代表会议,对本地区实施行政管理。这种体制在北方地区比较普遍。另一种是区乡建制,即在县以下设立区公所,作为县政府的派出机构,在区公所之下设立乡政权,召开乡人民代表大会,选举产生乡人民政府,而在村一级不再设立村政权。① 新中国成立初期,"村的规模一般很小,平均每个行政村不足900人,东北各省人数较多,平均每村1500人,内蒙古地广人稀,每一行政村面积较大"。② 从组织性质来看,新中国成立初,村乡制具有明显的行政化特点,除区公所作为县级派出机构或一级政府外,村或乡也是"政府"组织。从组织基础来看,新中国成立之初的村乡制是建立在个体所有或私有制基础上的。农民拥有土地、生产工具等生产资料,可以自主经营和生产。

---

① 项继权:《从"社队"到"社区":我国农村基层组织与管理体制的三次变革》,《理论学刊》2007年第11期,第85~89页。
② 张厚安、白益华主编《中国农村基层建制的历史演变》,成都:四川人民出版社,1992,第188~189页。

1954年9月，新政府颁布了《中华人民共和国宪法》，取消了过去的区村制和区乡制两种体制并存的制度，对全国农村基层政权进行了统一规范，开始实行乡镇人民代表大会制度，乡镇为农村基层政权。

20世纪50年代中后期，随着"大跃进"和人民公社运动，农村基层治理体制也发生了重大变化。在合作化和集体化过程中，国家废止了原有的村乡制度，实行人民公社体制。1958年7月初，全国第一个人民公社"嵖岈山卫星人民公社"在河南诞生。8月底中共中央政治局扩大会议正式通过了《中共中央关于在农村建立人民公社问题的决议》，人民公社运动很快被推向高潮。人民公社制度演化的起点是以土地家庭私有为基础的农户家庭生产组织，即小农经济模式；终点是以土地集体所有为基础的政社合一的公社组织。从阶段上看，J村公社化制度的演变经历了四个阶段。

第一阶段是土改。新中国成立后，党和政府力求通过土地改革，在建设社会主义的总体目标下对中国社会进行全面的组织改造，对中国社会重新组织。J村所处的L市（当时为G县）的各个村庄，从1950年10月开始进行土地改革运动，第二年5月结束，1952年5月土改复查工作结束后，给农民颁发了土地证。土地改革的完成，解放了农村生产力，极大地提高了农民生产积极性，为新中国成立后农业发展和国家财政经济状况根本好转创造了条件，也为国家工业化开辟了道路。

第二阶段是初级社和高级社。党的七届四中全会提出，要在一个相当长的时期内，基本上完成国家工业化和对农业、手工业、资本主义工商业的社会主义改造。过渡时期总路线力求通过对农业、手工业和资本主义工商业的社会主义改造，实现中国的工业化，并建立社会主义的经济制度。通过合作化和集体化把原先独立的农民个体变成社会主义集体，农村经济转化为相互合作的集体经济，将"把农民组织起来"，为社会主义大生产奠定组织基础。从 1951 年开始，党中央颁发了一系列决议：1953 年 2 月 15 日，中共中央正式通过《关于农业生产互助合作的决议》；12 月 16 日，中共中央做出《关于发展农业生产合作社的决议》，列举了农业生产合作社的十大优越性，要求各级党委"更多地更好地注意对发展农业生产合作社的领导"①。随后 1955 年，全国掀起了农业合作化高潮，到 1956 年底 96% 以上的农户参加了农业合作社，基本实现了农业合作化。

J 村所在的 G 县（L 市前身）与全国进程保持了大体一致，调查得知，1954 年 1 月，G 县（L 市前身）试办 10 个农业生产合作社（初级），1956 年末统计，全县已组织农业生产合作社 1773 个，入社 40315 户，占总农户的 84%。初级合作社时期，土地和农业生产资料仍归农户所有，农户的土地使用权转让给合作社。由于初级合作社土地属私人所有，政社尚未合一，社外存在不少个体农民，因此乡级政府不可能阻止退社，不可能实现完全的计划经济和全面的社会控制。于是"需要寻求一种更合适的生产关系"②，将主要生产资料归合作社集体所有，政府需要推进高级合作社。高级合作社实现了土地和主要生产资料的集体所有制。

第三阶段是大公社和小公社。农村和农民经过互助组、合作社、初级合作社、高级合作社直到人民公社最终被全面地组织起来。1957 年，G 县（L 市前身）开始掀起兴修水利高潮，12 月 1 日，县委发出"进一步组织水利建设高潮，力争五年计划一年完成，为实现 1958 年粮、棉、油产量翻一番的农业生产'大跃进'而奋斗"的号召。1958 年 5 月 19 日至 20 日，G 县（L 市前身）召开县第三届人民代表大会第一次会议，贯彻中共中央"鼓足干

---

① 参见张乐天《告别理想——人民公社制度研究》，上海：东方出版中心，1998，第 147 页。
② 张乐天：《告别理想——人民公社制度研究》，上海：东方出版中心，1998，第 136 页。

劲、力争上游,多快好省地建设社会主义"的总路线。8月6日,县委要求推广某乡某农业合作社第三队办集体食堂的做法。9月上旬,全县农村实行人民公社化,J村归属红星公社。10月,全县各人民公社对社员实行半供给、半工资制,即"吃饭不要钱,按月发工资"(1961年取消)。1959年3月31日,县委下发文件,明确人民公社管理体制为三级所有,以生产大队为基本核算单位。4月,人民公社改伙食供给制为粮食供给制。1959年冬,因严重旱灾加上工作失误,农业减产,人民生活普遍困难。1961年5月,贯彻《农村人民公社工作条例(修正草案)》,调整社队规模,改公社为区,取消供给制,停办农村集体食堂。12月,农村人民公社改为以生产队为基本核算单位。自大公社按照"三级所有,队为基础"的建制划成小公社,体制的变动基本结束。各个大队都成立了党支部,在经过内部权力关系的短暂调整后,大队权力结构趋于稳定,大队各项工作也步入正轨。直到1981年底,全县1497个生产队中有1292个实行统一经营。

第四阶段是不断变革。与公社成立初期的热烈拥护气氛形成强烈反差,新的制度与传统小农的自发倾向所产生的矛盾,使公社在实际运作过程中时时感受到一种离心倾向,不得不通过持续的变革,加强公社凝聚力和合法性。1962年10月,G县(L市前身)以生产大队为单位,开展清工分、清账目、清财务、清仓库的"四清"工作。从"四清"到"文化大革命",一直到1984年实行政社分开为止,有序而不断的革命伴随着人民公社制度,以计划经济体制和城乡分离的方式,将农民紧紧捆绑在封闭边界的社区里。

(二) 人民公社制度下的统一边界

在人民公社体制下,农村一切生产资料归集体所有,统一生产和经营,农民的生活空间和生产空间高度重合。生产队及村庄社区都是以集体产权为边界,因而地域边界、经济活动边界以及人员构成边界基本上是统一的，具有强烈的封闭性和排他性，只有拥有生产队集体产权的人们才可能享有相应的权利。人民公社体制具有以下鲜明特征。

其一，"一大二公"，即人民公社作为农村基层组织与管理单元，面积大，人口多，公有化程度高。1954年，全国设有218793个乡，小者不足1000人，大者不过1万人。1958年12月，全国1.2亿农户组建为2.6万多个人民公社，平均每个公社4600多户。1962年及其后人民公社的范围有所调整，但直到1982年人民公社废止前夕，全国54352个人民公社中，人口在1万人以上的人民公社占61%，1万人以下的占39%。[1] 人民公社时期实行高度的集体化，农村资产的绝大部分归集体所有，不允许农村私营经济的存在和发展，实行土地及其他生产资料和资源的高度集中。

其二，"政社合一"，国家基层政权组织与人民公社组织合为一体。公社管理机构为公社管理委员会（"文革"时期又称为公社革命委员会），受县政府及其派出机关的领导。作为经济组织，公社要负责生产经营活动，组织、领导各级农业生产；作为行政组织，它必须接受上级政府领导，处理行政事务。传统的小农经济是原始落后、自由散漫的，小农经济以及与此相关的小农生存方式决定了小农的社会特征。要把"一盘散沙"式的小农纳入划一的制度框架，政府必须把权力延伸到农民经济活动中，对农民进行超经济管理。农业合作化的过程是农村经济不断被纳入国家计划的过程，是政府对市场的控制不断强化的过程，同时是乡村集权体制不断完善的过程。1956年，政府完成了城镇手工业和资本主义工商业的社会主义改造，将农副产品收购和供应完全纳入了国家控制的供销渠道。公社时期实行严格的计划经济制度，国

---

[1] 张厚安主编《中国农村基层政权》，成都：四川人民出版社，1992，第68、71页。

家控制着农村市场。产品交换主要是农民与国家之间的交换，农民把农副产品卖给国家，然后从国家那里获得生产和生活资料。收益分配的首要原则是"先国家，后集体"。生产队首先必须完成国家征购任务，然后才能进行内部分配。

其三，"三级所有，队为基础"，形成公社、生产大队、生产队三级组织架构。生产队为组织生产、劳动和收益分配的基本单位。土地、牲畜、农具、山林、水面等归生产队所有，劳动力归生产队支配，生产队独立核算，自负盈亏，是基本的核算单位。生产队或者原来就是自然村，或者是公社再造且为农民接受了的准自然村。在人民公社范围内，同时并存着五种产权形式，以公有程度的低高排列，分别是家庭、生产小队、生产大队、公社和国家产权。其中生产小队的产权是最基本和最重要的。生产小队是人民公社的基础，掌握着所辖范围内的土地所有权，因而能够组织生产、交换和分配。但是生产小队的土地所有权是不完全的，"生产队所有的土地，包括社员的自留地、自留山、宅基地等等，一律不准出租和买卖"。① 遇到土地调整、土地占有等问题时，生产小队不可能利用法律来保护土地所有权，通常只能服从公社、大队命令。不仅如此，生产小队必须执行政府规定的种植计划，并按照政府规定的政策进行分配，因而也没有严格意义上的土地使用权和收益分配权。

其四，党政不分，公社权力一般都集中在党委，尤其是党委书记手中，事无巨细都由党委书记拍板。在人民公社的机构中，公社党委和大队党支部是权力的实际握有者，是各项事业的领导者。与它并存的政府组织、军事组织和群众组织，实际上是它的执行机构，党组织通过这些组织贯彻自己的意图。公社一级的最高级会议是党委会议，党委会讨论全公社各个方面的事情，做出

---

① 1962年9月27日，中共第八届中央委员会第十次全体会议通过的《农村人民公社工作条例（修正草案）》，称"农业六十条"。

决议。会后,党委各个"分管委员"分别找"线上的"干部商量,具体贯彻公社党委会议的精神。"支部建在大队"保证了党中央对广大农村的领导和控制。

其五,集体化和集中化。人民公社及生产队建立在集体经济、集体所有、集中经营的基础上,并以集体劳动、集体分配和集体生活为典型特征,一度还实行"组织军事化、行动战斗化、生活集体化"。实行以生产队为基本核算单位后,农民在由亲戚、邻里、朋友、熟人组成的集体中发现了自己的利益,产生出一种集体生存意识。集体生存意识推动生产队利用一切可能利用的资源,激励农业劳动投入,增加农业产出;它促使农民自动地维持最基本的生产秩序。公社制度有一整套与其相应的行为规范,其中有些是高度制度化的,如要求生产队统一出工、统一参加各种政治活动和学习等,使人们在生产生活各个方面表现出强烈的一致性。

其六,封闭性和二元化。传统的地缘因素在公社中被强化了,被赋予了新的意义。首先,公社改变了传统地缘图景,营造了一个个"一村人家,环绕一片绿地"式的标准村落。村落之间都有明确的自然边界,各村农民都耕种自己生产队的土地。村落在地缘上变得比以前更加封闭。其次,村落边界与行政区划边界完全一致,村落就是生产队,生产队也就是村落。由于行政区划所给定的名词是正式的名词,它们在正式场合中被大量使用,所以,随着时间推移,村民对队的认同甚至都超过了自然村。到20世纪70年代,一些农民叫不出周边自然村的名字,但谁都知道周边的生产队。直至今天,笔者在J村访谈的时候,村民仍将村委会称为"大队部",自称"我们这些社员"。再次,地缘在公社中变成了"不可流动"的身份绑定。新中国成立后,国家逐步推出户籍管理、统购统销及一系列限制农村人口、资源自由流动等的政策,形成城乡二元化的管理体制。1964年8月,国务院批转《公安部关于处理户口迁移的规定(草案)》,并提出两个"严加限制"：对从农村迁往城市、集镇的要严加限制；对从集镇迁往城市的要严加限制。1977年11月，国务院又批转《公安部关于处理户口迁移的规定》，进一步强调严格控制农村人口进入城镇，第一次正式提出严格控制"农转非"。农民被固定在生产队中，只能从事农业劳动。最后，对于生产队的社员来说，地缘不仅意味着共同拥有一片土地，而且意味着共同耕种一片土地。同村共耕制有利于形成一种整体观念。在生产队中，尽管农户常常为一点蝇头小利吵得不可开交，但在与"外人"交往过程中，队员大多会联合起来维护他们的共同利益。

二 公社社员的身份与权利

从传统帝国时代到新中国成立之初，大多数农民在经济上依然处于个体经济的无组织和分散状态。合作化和集体化的结果，是农民从经济方面被全面地组织起来。随着集体化的不断深入，农民的生产经济组织最终与基层政权组织融为一体，从此，农民的生产和生活以至生存，直接依附于人民公社。人民公社事实上变成了半军事化组织，实现了"组织军事化、行动战斗化、生活集体化"。农民个人已被纳入"集体组织"之中，个人脱离"集体"根本无法生存。在农村合作化和集体化过程中，传统的血缘和地缘及家族组织受到冲击，从而从根本上改变了传统乡村社会的组织体制和治理方式。

（一）公社社员的双重生活模式

1. 从小农到公社社员

合作化和集体化极大地改变了农村的利益关系、政治关系和社会结构。在土地私有和个体经济条件下，各家各户都有相对独立的财产权利、经济利益及自主权。农民之间的关系也是建立在个人和家庭相对独立的利益基础上的，可将其视为一种"利益关系"。但是，集体化之后，尤其是人民公社时期，农民的生产资料归集体所有，农民已不再是拥有独立生产资料的农民，而是"公社社员"。随着阶级斗争的深入，在农村社区内，以血缘关系和地缘关系为基础的所谓"差序格局"，逐渐被以革命态度为基础的"阶级格局"所取代，与之相伴随的是人们各自身份的变化。每个人都有了家庭成分和个人成分，如地主、富农、中农、贫农、雇农等，这种划分使农民由原来亲疏远近的血缘身份，各自另被赋予不同的"政治身份"。在其中又划分出党员、群众和积极分子等不同的群体。这是一种以历史背景和政治态度为基础的"差序格局"①，乡村社会内部的乡民关系出现明显的政治化。在这种政治化过程中，乡村社会机构也呈现政治化，稳固地确立了贫下中农在社会中的权力地位。

2. 公社社员的传统小农生活

家庭。土改运动改变了村内家庭的相对地位和农村财产的家际分布，但没有改变小家庭内部的结构和职能。大公社一度以共产主义名义消解了家庭，使农民失去了家庭的权利和义务，然而调整为"三级所有，队为基础"的人民公社，又在自己的制度框架内承认了家庭的合法性，恢复了许多传统家庭的职能。虽然政治权力渗透到农民家庭中，家庭处处受到公社规范的制约，然而家庭的内部关系、生育、子女教育、婚姻、老人赡养、生产乃至消费等内容依然存在。

宗族。在生产队里，宗族作为一种组织和制度已经不复存在，仅仅作为一种象征符号和观念继续影响着农民生活。然而当"集体"与"村落"在外延上相互接近或相互重合的时候，农民在集体中犹如生活在村落里——生产队把农民"关"在村落里，反而进一步促成了同族人之间的密切接触、频繁交往，村落的传

---

① 田仲勋：《运动高压下的权力斗争陷阱——通渭大跃进运动研究》，中国人民大学，博士学位论文，2009，第27页。

统规范仍然广泛地制约着生产队社员的日常交往。同时，在实际的乡村治理过程中，国家权力的全面渗入也并未完全涤荡乡村社会对宗族治理路径的依赖。舒绣文（Vivienne Shue）认为，人民公社时期中国乡村社会呈现一种"蜂窝状"结构，类似于帝国时代乡绅阶层的地方官员，保护着本土利益，构筑了蜂窝状的保护层。① 笔者在 J 村调研时，即使是回忆人民公社时期的大队书记和生产队长，村民依然会扳着指头数他们在"陈半山"中老老小小的辈分。因此，即使是在人民公社时期，宗族仍存在于村民的思想世界，部分地支配村民的行为。

亲戚、邻居等的交往。公社中的礼仪交往多半循着传统轨迹运行：一般节日只有近亲往来，婚丧嫁娶才与远亲相逢，礼的轻重有约定俗成的标准等；邻居也构成了重要的交往对象，俗话说"远亲不如近邻"，村落的生产方式和生活方式需要随时"叫得应的"人，小到一碗米、一根针的互助，大到突发重病时的救急救难等，村民紧密连接在一起，形成了没有隐私的生活共同体。据 J 村村民回忆，公社时期村庄社区里"出不闭户"，各家的大门是敞开的，人们相互随意进入。

市场上的交往。公社时期的乡村市场被纳入严格的计划经济轨道，物价稳定但商品短缺，市场对农村经济和农业生产的调节作用，被政府计划和调节全部代替了。不过，相较附近公社和生产队，J 村凭借新中国成立前集镇商贸的基础，反而在计划经济时代迎来了一段发展小高潮。由于供销社等统购统销的单位被设置在 J 村，一批非农业户口、非农民身份的人进入社区生活，原来的集镇商业街也得到扩展，成为社交活动中心。农民开始在"街上"处理超越村落范围的事务，从请泥工、木匠，到"打听消息"，一直到介绍对象或暗中"相亲"。公社时期，大队和生产

---

① Vivienne Shue, *The Reach of the State: Sketches of Chinese Body Politic* (California: Stanford University Press, 1988), pp. 70 - 71。

队干部也是街上的常客，经常在此交流情况、商量事情或互相委托帮忙等。普通农民遇到私事寻求帮助，也爱到街上找干部谈。乡村干部在正式的场合必须按原则办事，在街上却可以"私了"某些事情。J村"商业街"为人们提供了一个十分重要的交往场所。

（二）村民对集体和社区的生存权利依赖

人民公社的形成意味着国家建立了一套新的乡村治理体系，使乡村治理的组织及方式发生了根本性变化。通过人民公社体系，国家权力得以顺利地延伸和渗透到乡村角落，能够全面地干预农民的生产、生活以至价值选择。生产队及农村社区是以集体产权为边界，共同体的地域边界、经济活动边界以及人员构成边界基本上是一致的，具有强烈的封闭性和排他性，只有拥有生产队集体产权的人们才可能享有相应的权利。

第一，封闭的身份限制。人民公社时期，农民已经不再有自由退社权，也难以在公社之间自由流动，更不能在城乡之间自由迁徙。农民不过是公社的"社员"及国家的"农民"，不是独立的生产经营者，也难以选择和改变自身的工作、职业和身份。J村在人民公社时期，虽然凭借中心集镇的历史基础，成为统购统销单位设置点，但是这种优势并没有改变农民身份的封闭性，相反却更加凸显了公社制度下J村村民身份的禁锢——虽然J村村民与"供销社"职工每天生活在同一条街上，却拥有完全不同的身份，如同两个世界。

第二，在经济上个人对集体和社区的完全依赖。人民公社时期，农村一切生产资料归人民公社集体所有，实行集中劳动、统一分配，农民被严密地组织起来。公社集体生产资料由公社、生产大队和生产队三级共同占有，生产队为组织生产、劳动和收益分配的基本单位。土地、牲畜、农具、山林、水面等归生产队所有，劳动力归生产队支配，生产队独立核算、自负盈亏，是基本的核算单位，农民的生产经济组织最终与基层政权组织融为一体,政经不分、政社合一,农民的生产、销售全都依赖公社和集体;国家控制着农村市场,产品交换主要是农民与国家之间的交换,农民把农副产品卖给国家,然后从国家那里获得生产和生活资料并由集体进行分配,农民和家庭的经济生活完全依赖集体。

第三,在生活上,个人对集体和社区的完全依赖。在合作化和集体化过程中,农民被吸纳进基层社区经济组织之中,农民原有的独立生产和生活功能在相当程度上转移到集体经济组织之中。传统的血缘和地缘及家族组织被进一步摧毁,宗教组织也停止了活动,乡村社会的组织机制和组织状态完全改观。社区集体经济组织不仅要负责督促和管理农民从事农业生产和经营活动,而且要承担农民生老病死及各种生活福利。人民公社时期,在乡村农民生活中具有主导意义的是"集体组织",个人已融入"集体组织",个人无法脱离"集体",脱离了"集体"是无法生存的。

第四,社区权威及农民的政治参与被重塑。农村合作化和集体化过程也是动员和组织农民的过程。一方面,在高度集中的管理体制下,包括生产、分配、招工、招干、参军、救济粮款发放等重大事务都由党组织决定,普通社员面对大队干部以及"上面下来的权威"通常是绝对服从。另一方面,在合作化、集体化及人民公社时期,政治运动此起彼伏,连续不断。这种运动不仅动员农民积极从事农业生产,而且也试图通过对农民的政治动员,鼓励和支持农民以主人翁精神参与公共事务的组织与管理,促进乡村社会经济发展。这种参与为农民提供了一定的表达意见的途径,并对当时干部的行为有一定约束。

三 小结

从历史角度来看,人民公社制度首次将农民和农村社会组织起来,从根本上改变了基层社会一盘散沙的状态,有效地保证了国家政策执行。尤其是通过人民公社及一系列配置措施和政策,国家得以大规模地动员和吸纳乡村资源以快速推进工业化。人民公社时期，各地集中人力、物力和财力，对大江大河进行治理，进行大规模的农田基本建设，兴修水利，极大地改善了农业生产条件；大力推进农业"水利化"、"机械化"、"良种化"和"化学化"等，引进和应用现代生产技术，促进了农业现代化的发展。与此同时，在农村建立了包括敬老院、合作医疗、"五保"供养制度等社会保障体系，大大改善了农民的生存和生活状况。人民公社的社员选举、民主监督、群众会议等强化了农民社会政治参与，也在一定程度上将现代民主制度和民主观念引入乡村，促进了农业经济、社会和政治发展。

然而从社区和共同体发展视角来看，人民公社体制意味着将中国传统农村以血缘、生产与地域性组织为基本单元的格局，转变成了"集党、政、经、军、民、学于一体"的集体化组织。生产队队员的身份没有亲缘、地缘之分，他们共同生活、集中劳动、统一分配，生产队是血缘、生产与地域性组织的"复合体"。这样的组织单元是"党政合一、政经合一、政社合一"的生产、生活、管理、教育共同体，它使国家可以直接控制农业生产、农民生活和社会福利分配，农民没有对农业生产的选择权利与自由，更谈不上独立自主的生活空间与发展机会。整个农村由一个个组织内聚、相对孤立、自给自足、同质性强的公社组织起来的，公社集体组织成为乡村社会结构的基本单元。个体农民转变成了集体社员，农民个人的生产、生活都必须依附于公社集体组织，任何农民都不可能离开公社而独立生存。个人被完全纳入了集体组织，过着高度的组织化生活。如此形成了魏昂德（Andrew Walder）所说的"组织性依附"，即个人在社会经济上依附于单位，在政治上依附于国家管理。[1] 国家将个人从个体－传统群体

---

[1] Walder, A., *Communist Neo-Traditionalism: Work and Authority in Chinese Industry* (Berkeley: University of California Press, 1986), pp. 1–122.

的轴线上抽离出来而嵌入个体-集体组织的轴线，实现了对乡村基层的有效治理。

因而，相较于传统中国乡村社区，公社集体组织是一个更加封闭、集权、同质、统一的乡村治理单元，其边界是封闭的，社区亦高度同质化——社区地域边界、经济活动边界以及人员构成边界高度重合，且具有强烈的封闭性和排他性。农民被固定于集体组织之中，生产、生活完全依赖集体和社区，表现出较强的集体意识和社区认同。但这种集体意识和社区认同是基于对集体经济的依赖及对权力的服从，农民依旧不是自觉、自主、自为并具有行为责任能力的权利和义务主体。农民作为"社员"对于所属的集体和社区事实上没有"选择权"和"退出权"，农民与公社组织之间在本质上依旧是一种"依附关系"。正因如此，20世纪70年代末以后，随着家庭联产承包责任制的改革及国家对乡村社会经济和超经济控制的弱化，人民公社体制迅速解体，而建立在集体经济和政治控制基础上的乡村社区和共同体亦趋于瓦解。

下 篇
改革开放以来乡村社区的认同与治理

第3章 改革开放以来社区的开放、流动与重组

引子 同一村庄里的两种生活

J村的7个自然村现在呈两种截然不同的状态：一半是每天商业繁盛、熙熙攘攘；另一半是每天寂静人疏，传统依旧。笔者在村庄调研，见到了生活状态完全不同的两家人。

一是传统聚落里的村民。J村十字街（商业街）东街走到尽头，往北有一条二三米宽的水泥路，大约再走一公里，便走到了三组（自然村）的村子。三组的人均土地是7个自然村里最多的，大概人均3亩。虽然距离十字街只有一小段路程，三组的聚落却呈典型的传统内聚型村落，房子与房子之间距离比较近。村里的房子都修葺一新，正在盖的两栋新楼靠着水泥路，也有很多农户在原来老宅子的基础上，翻新或加盖了两层的新楼房。但其中有一家没像别人家一样拥有两层楼，而是只有一层，进到院子（分前后两个小院子）有一个猪圈，里头有一头大肥猪，还有一个泥巴砌的大柴草棚，门框破旧，主房也是一层三间——一个堂屋、两个耳房。

据了解，三组几乎每户的男丁都会在农闲时到周边做建筑工，收入不错。这家的男主人身体不好，干不了重活，无法出去打工，只能靠种地生活，由于耕地承包权长期没有变更，他们家4个人只有1个人的地，亲戚借给了一些地种，

一共也不过六七亩。种地的收入仅够吃饭和日常开销。家里生了两个男孩，生第二个的时候计划生育政策没有放开，被罚了款。两个孩子都在读书，婆婆身体不好，中风住过院。据村支书及别的村民讲，这样家庭的孩子，通常中学毕业后就要出门打工。

二是十字街上的"新"村民。J村十字街上，笔者同另一家人吃过一次饭。这家人户籍是隔壁村的，男主人身材魁梧、面相帅气；女主人精明大方、衣着高档；有一个女儿，十二三岁，穿戴整洁，很坦然地跟我们同桌吃饭（按照村内传统习惯，有客人来吃饭小孩子是不上桌的，尤其是女孩子）。这家人租了村支书家面向集贸市场的房子，准备做袋装酱菜干菜的批发零售生意，之前他们在L市内做了十余年生意，只有农忙时才回家给父母帮帮手。几年前他们还为父母在村里翻修了房子。他们很早就有了轿车，一家人还经常出省旅游，经济条件比较好。

虽然没有怎么种地，但男主人对农作物产量、价格以及化肥和农药价格涨跌了如指掌。他们可以生二孩，但一直没有再生，问及原因，男主人说话语气如同城市人，表示养孩子成本太高了："我不打算多要一个孩子，我女儿是我的宝贝，只要这一个孩子，我就可以更好地培养她，我女儿在这儿，吃穿都是最好的，这马上要上初中了，我打算让她到市四中（全市最好的重点中学）去读，将来最低也要读个大学吧。她要接受好的教育，过好的生活，这是我们身为父母的责任。我们夫妻俩，再攒够养老的钱，以后就在L市内买个房子，住在市里养老啥都方便，不靠孩子。"

对这两家人的访谈令笔者感触很深。流动给传统乡村带来的文化、观念以及生活方式的改变，正在拉开村与村、人与人之间的差距。一方面，由于"历史上长期延续的自然经济状况尚未得到根本改变，传统文化有存在、生活和再生的土壤"①,农民传统的生活方式和礼俗仍然发挥着重要作用;另一方面,在流动和开放的背景下,传统礼俗受到村民怀疑和外部冲击,而日益变得脆弱。城市化进程中传统与现代的矛盾,在这个小小的村庄里,有深刻体现。

一 开放乡村的社区边界

(一) 改革开放后的流动背景:地缘血缘社区边界被打破

20世纪70年代末80年代初,我国农村实行家庭联产承包责任制,农民获得了土地使用权及生产自主权,改变了人民公社时期的集中经营、集中劳动、统一分配。1982年底,中央决定废除人民公社,重建乡镇政权,实行村民自治。1983年10月,中共中央、国务院发出《关于实行政社分开,建立乡政府的通知》,全国性政社分开,建立乡政府的工作陆续展开,同时取消了原有的生产大队和生产小队。1987年11月全国人大常委会通过的《村民委员会组织法(试行)》从法律上对村民委员会体制进行了规范,规定"村民委员会是村民自我管理、自我教育、自我服务的基层群众性自治组织"。1998年修订的《村民委员会组织法》再次予以确认。随着农村各地普遍完成从人民公社制向村民自治的制度性转换,农村民主政治迅速发展,农民拥有了参与基层治理的自治权。

随着改革开放和国家城镇化的迅速发展,农民务工经商和流动的政策逐步放开,农民开始呈个体化趋势,乡村流动性急剧加强。城镇化冲破了城乡二元体制,大量农村人口向城镇和异地流动;税费制度改革使农民不再经由集体而是直接向国家缴税,农

---

① 徐勇:《非均衡的中国政治——城市与乡村比较》,北京:中国广播电视出版社,1992,第438页。

业补贴也直接发放给农民；公共服务制度改革，如教育、医疗、卫生等服务，国家不再通过集体而是直接向农民提供；等等。一系列的经济制度、政治制度、公共服务制度改革，都推动了中国乡村社会的平等、自主、独立和个体化，弱化了农民与集体的关联，强化了农民与国家的直接联系；乡村社会也日益分化，形成农村干部、集体企业管理者、私营企业主、个体劳动者、智力型职业者、乡镇企业职工、农业劳动者、雇工、外聘工人和无职业者等不同阶层。① 农民不再是公社时期的同质社员，阶层、角色和身份逐渐多元，主体性和权利意识日益增强，流动越来越频繁。农民的流动意味着个体从传统共同体中脱离，对家庭、地域和集体的依附性逐渐减弱。

从全国范围来看，流动农民最初主要以走街串巷的能工巧匠为主，在商业经营和工业领域相当少见。20 世纪 80 年代中后期，随着对外开放和城市改革的深入，东部沿海地区经济快速发展，劳动力需求趋于旺盛，越来越多的农民从中西部进入东南沿海，从乡村进入城市，流动速度不断加快，流动区域不断扩大。1989 年初春，几百万农民南下呈爆发性集聚流动，成为"民工潮"出现的标志性事件，交通部门不堪重负，社会舆论为之哗然。1992 年以后，随着邓小平南方谈话，中国经济发展进入新一轮增长期，到 20 世纪 90 年代中期，农民工在规模上急剧扩张，达到了新的高峰。②

农村人口的城镇化呈现两种方式。第一种是乡村人口"用脚迁移"到城镇去；第二种方式是城镇在地理上扩充，把乡村人口变成城镇人口。③ 从数字上看，1978 年中国人口 82% 是农

---

① 陆学艺、张厚义、张其仔：《转型时期农民的阶层分化——对大寨、刘庄、华西等 13 个村庄的实证研究》，《中国社会科学》1992 年第 4 期，第 137～150 页。
② 赵树凯：《农民流动三十年》，《发展》2008 年第 2 期，第 23～25 页。
③ 胡景北：《中国乡城移民的宏观经济学》，《中国社会科学辑刊》2009 年第 28 期。

民，2010 年第六次全国人口普查数据显示，农业户口下降到了 70.86%①。从绝对数来说，从 1996 到 2007 年，中国有 2 亿人从农村转入城镇，② 从 1978 年到 2011 年，城镇人口从 1.7 亿人增加到 6.9 亿人。2011 年我国城镇化率达到 51.27%，城镇人口超过农村人口，成为社会人口的主体。2011~2016 年，我国城镇化率继续以年均 1.2 个百分点的速度增长。2016 年城镇常住人口 79298 万人，比上年末增加 2182 万人；乡村常住人口 58973 万人，比上年末减少 1373 万人；城镇人口占总人口的比重（城镇化率）为 57.35%，比 2011 年增加 6.08 个百分点。根据《国家新型城镇化规划（2014—2020 年）》，到 2020 年我国常住人口城镇化率达到 60% 左右，将有 1 亿左右农业转移人口和其他常住人口在城镇落户。③ 据国家卫计委预计，到 2030 年我国城镇化率将达 70%，约有 2.3 亿人从农村转移至城镇；城镇流动人口将达 8000 万人，流动迁移人口总量将由 2014 年的 2.54 亿人上升至 3.1 亿人。④ 不少机构预计，到 2050 年，城镇化率将超过 80%，基本实现城镇化。⑤ 如果依据同期全国人口预测，接下来仍将有数亿人持续从农村进入城镇。⑥

与此同时，改革开放之后大规模的农村人口流动也不同于一

---

① 第六次全国人口普查数据（2010 年），来源于国家统计局网络，http://www.stats.gov.cn/tjsj/pcsj/rkpc/6rp/indexch.htm。
② 胡景北：《中国乡城移民的宏观经济学》，《中国社会科学辑刊》2009 年第 28 期。
③ 《国家新型城镇化规划（2014—2020）》，中央政府门户网站，www.gov.cn，最后访问日期：2014 年 3 月 16 日。
④ 《国家卫计委负责人公布数据：至 2030 年城镇化率达 70% 未来 15 年中国将有 2.3 亿人进城》，《解放日报》2015 年 7 月 10 日。
⑤ 李凤桃：《社科院专家："中国将在 2050 年完成城镇化"》，《中国新闻周刊》2014 年 3 月 11 日。
⑥ 关于 2050 年中国人口预测，不同的机构和人员有不同测算。如美国人口统计局（PRB）的预测为 17.08 亿人（"第一财经公众号"，2016 年 9 月 6 日）；国家卫生和计划生育委员会预测为 13.8 亿（《卫计委主任：2050 年预计全国总人口 13.8 亿》，人民网，2016 年 3 月 8 日）。

般的农村人口迁移。一般意义上的迁移，是指完全脱离原来的住地，与原住地不再构成经济、政治、社会联系，原住地对他们来说，只是一种文化上的关联，是一种对过去的记忆。而农村人口的流动则是指农村人口从原住的农村向外流动，他们有可能脱离原住地，成为迁移者，也有可能回流。在目前相当长的阶段，由于户口关系，中国农村流动人口仍然与原住地保持着密切联系。这种土地不变而人口不断流动的情况，增加了乡村社会流动的复杂性。

这些流动都是自发性的，是农民自主的选择和自主的行为。从流动的目的地来看，一种是"农村-城市"的流动，另一种是"农村-农村"的流动。① 后一种是指随着工业化和城镇化发展，许多农村开始城镇化，创造了很多就业和贸易的机会，吸引了大量外来人口。J村便是这种典型。笔者调查发现，2000~2009年，J村本村籍人口增长平稳缓慢，人口跳跃幅度不太大，2009年户籍人口是2165人（见表3-1）。然而事实上，当年J村常住人口总数已经超过4000人。这就意味着，从2009年开始，J村超过一半的常住人口已是非本村籍人口。

表3-1 J村2000~2009年村民人口变化

年份	农村基层组织			户数、人口		劳动力资源	
	J村（个）	村民小组（个）	自然村（个）	乡村户数（户）	乡村人口数（人）	（人）	劳动年龄内（人）
2009	1	7	7	491	2165	1290	980
2008	1	7	7	491	2165	1265	956

---

① 《秩序与参与的关联：农民流入村的管理——广东省中山市西山村的调查》，载徐勇、徐增阳《流动中的乡村治理——对农民流动的政治社会学分析》，北京：中国社会科学出版社，2003，第226页。该书将流动的目的分为两种形态，而后一种主要是以长三角和珠三角等典型地区为例。

续表

年份	农村基层组织			户数、人口		劳动力资源	
	J村（个）	村民小组（个）	自然村（个）	乡村户数（户）	乡村人口数（人）	（人）	劳动年龄内（人）
2007	1	7	7	489	2145	1241	938
2006	1	7	7	489	2145	1245	941
2005	1	7	7	414	1906	1230	931
2004	1	7	7	460	2118	1295	960
2003	1	7	7	450	2150	1287	835
2001	1	7	7	413	1765	1299	1005
2000	1	7	7	408	1754	1289	995

注：2002年数据缺失。
资料来源：本表来源于L市统计局，2009年。

伴随着生产生活空间发生转移，农村传统文化、农民的交往方式、交往对象以及生活习惯也将被重构；原本同根同族"无隐私"的乡村公共空间，将发生深刻变化；传统伦理道德和古街老宅宗祠等文化载体，也可能被破坏或颠覆；传统农村共同体面临着解体危机，建立在传统乡村伦理和熟人社会基础上的村民自治制度受到严峻挑战。[①] J村正面临这样急剧的变化：外来人口的长期居住及其与本地人口的经济合作和密切交往，使原始血缘、地缘共同体边界瓦解；同时，权利诉求在原来的权力边界下无法表达，政府公共产品和公共服务的提供不足，也造成开放村庄下的失序和混乱。总之，"随着我国城镇化步伐的加快，我国原有乡村治理格局发生了深刻变化，这些前所未有的变化一方面可能给我国农村经济社会发展带来巨大的活力，但同时也引起了一系列突出矛盾和问题"。[②]

---

① 田雄：《城镇化背景下的农村治理》，《学习时报》2015年1月26日。
② 龚维斌：《中国社会体制改革报告（2016）》，北京：社会科学文献出版社，2016，第65~70页。

（二）从村到乡到镇再到村：社区行政边界变动

我国新时期的乡镇改革，大体可划分为四个阶段，即 1980 年至 1985 年的"社改乡"和"乡政村治"体制建立；1986 年至 1989 年的"撤并乡镇"和推行"村民自治"；1990 年至 1997 年的县乡综合改革试点和建立健全农业社会化服务体系；1998 年至今的农村税费改革和乡镇管理体制创新。

1978 年 12 月，中国共产党召开十一届三中全会，决定"把全党工作的着重点和全国人民的注意力转移到社会主义现代化建设上来"。1982 年 12 月，第五届全国人民代表大会第五次会议通过了《中华人民共和国宪法》，其中第 95 条规定"乡、民族乡、镇设立人民代表大会和人民政府"，第 107 条规定"乡、民族乡、镇的人民政府执行本级人民代表大会的决议和上级国家行政机关的决定和命令，管理本行政区域内的行政工作"，第 110 条规定"农村按居住地设立的村民委员会是基层群众性自治组织"，从此确立起"乡政村治"体制模式。1983 年 10 月，中共中央、国务院发出的《关于实行政社分开建立乡政府的通知》指出，"当前的首要任务是把政社分开，建立乡政府。同时按乡建立乡党委，并根据生产的需要和群众的意愿逐步建立经济组织"。到 1983 年底，全国已有 12702 个人民公社宣布解体，1984 年底又有 39838 个人民公社摘掉牌子。1985 年剩余的 249 个人民公社自动解体，取而代之的是 79306 个乡、3144 个民族乡和 9140 个镇。①

J 村的行政区划，也随着这一系列乡镇改革，不断发生改变：1984 年，长达 20 多年的人民公社体制在 L 市被废止，原 J 村所属的公社于 1985 年改为 J 乡，下辖 J 村（与 J 乡同名）等 8 个行政村。1987 年 J 乡改行政区划建镇，名为 J 镇，辖包括 J 村在内的 11 个行政村。J 镇以 J 村内的集镇（现十字街）为中心，拓展

---

① 数据来源于国家统计局编《中国统计年鉴1997》，北京：统计出版社，1997。

了一条长 500 米、宽 20 米，面积约 1 平方公里，东西走向的商业街，设有供销社、粮管所、工商所、银行营业所、卫生所、兽医站、中小学等企事业单位 10 多个和工商企业 37 家，从业人员 250 余人。据当地老人回忆，20 世纪 80 年代镇上的工商企业多以国营为主，没有私人商户，平时来往人员和车辆稀少。2001 年 4 月，L 市在乡镇机构改革中，将 J 镇撤销并入 Y 乡，原 J 镇的 11 个村庄都归 Y 乡管辖（见表 3-2），至今 J 村仍属 Y 乡。

表 3-2　J 村所属行政区划变迁

行政区划调整时间	辖乡、村	
	乡	行政村
1985 年	J 乡	J 村等 8 个行政村
1987 年	J 镇	J 村等 11 个行政村
2001 年	Y 乡	J 镇建置撤销，包括 J 村在内的原 J 镇 11 个行政村并入 Y 乡

资料来源：《L 市市志》，北京：新华出版社，1992。

2001 年，J 村集镇已经由当年的东西向 500 米商业街，发展成为"十"字形商业街（简称十字街）。随着国有资产改革，十字街上的国营和集体商业网点由私人承包经营，原来吃"商品粮"的国有或集体单位职工，失去原有身份而另谋职业，或承包原单位商店。原 J 镇各村村民，也开始逐渐往十字街聚集经营私人商户。

撤镇的行政区划改革，为商户户籍归属带来了根本性改变。过去，大家在十字街上生活，不分村属，都是统一的 J 镇人，现在 J 镇撤销，大家的户籍各自归属原籍，即使依然还在 J 村内居住和生活，身份也和 J 村村民区别开来，变为"非 J 村的外村人"。由于现行村民委员会制度建立在村集体产权基础上，这种产权边界决定了村委会的人员边界、权力边界、管理边界和服务边界，由此造成村委会选举、管理和服务的封闭性，即权益只由本村籍村民享有，公共服务只向本村籍村民开放。加之长期以来农民聚族而居，血缘及地缘关系浓厚，乡村较城市更具封闭性和排外性。因而，J村行政区划改革所带来的资源分配和行政权力变化，对村庄居民的认同和权利，对公共产品与公共服务的提供，都带来了重大冲击。

（三）以十字街为中心的经济区域扩大：社区经济边界扩大

1. 产业增加的机遇

J村集镇是由交通地位优势发展而来。进入21世纪，J村由于周边山区资源的开发和产业的发展，继续承担着更为重要的交通枢纽作用。J村周边的产业主要包括村庄以北的石灰石资源开发，以及南水北调中线工程所带来的沿线水电站建设等（见图3-1）。

首先是石灰石。J村以北的二劈山曾经因为土地贫瘠无法耕种，当地老农描述说"山上寸草不生"。然而L市蕴藏量最丰富的石灰石正是产在那里。二劈山上的石灰石，可以生产质量上乘的白灰和水泥。改革开放后，国家城镇化迅速发展，水泥需求连年增多，极大地带动了对二劈山石灰石的开采。现在从J村北街向二劈山方向过去，不远即可看到一座超大规模的石灰厂矗立山间，翻斗车一排排地停在石灰挖掘洞前，装满掘出的石灰石后，会拉到附近各个石灰厂和水泥厂，再拉出石灰和水泥，运往各个建筑工地。石灰往南运往L市及其他省市的必经之路，便是J村。

其次是小水电站。从J村往西北部，车程不过半小时便可到达南水北调中线工程的一段重要工程节点。南水北调中线工程通水后沿线水位上升，因此L市计划在J村西北的清泉沟隧道小水电站基础上，重建新的水电站，以待水位上涨之后发电。重建水电站会拉动J村配套产业发展，带来经济效益。

2. 交通枢纽

作为交通枢纽的J村，在周边产业开发背景下，其商贸和中转功能也获得进一步发展机遇。笔者曾站在 J 村十字街中心统计过 10 分钟之内通过的车辆，当时的时间是下午 3 点 50 分左右，并不是交通高峰期（村里人说来往车辆高峰期为上午），但在 10 分钟之内，通过的车辆仍有 26 辆，同时还有 10 辆车（非家用小轿车）长时间停在十字街上。这些通过十字街的车辆有重卡 1 辆、加长货车（车上载满钢筋）1 辆、大拖拉机车头 1 辆、翻斗车（一般拉石灰石）5 辆、一般货车 2 辆、SUV 2 辆、六座小客 4 辆、客运大巴 1 辆、时风农用车 2 辆、轿卡 3 辆、小轿车 2 辆、的士 2 辆等。长时间停在 J 村十字街上的有长途客车 1 辆、时风农用车 2 辆、货车 2 辆、六座小客 5 辆。

表 3-3　J 村十字街 10 分钟内交通运输方向

南向西（L 市城区 - Z 乡）	SUV 1 辆、轿卡 1 辆、的士 1 辆
南向北（L 市城区 - 矿山）	六座小客 2 辆、轿卡 1 辆
南向东（某市 - L 市城区 - 某市）	重卡 1 辆、加长货车（拉钢筋）1 辆
北向南（矿山 - L 市城区 - 某市）	客运大巴 1 辆、翻斗车 3 辆
北向东（矿山 - 邻省）	翻斗车 1 辆、大拖拉机车头 1 辆
北向西（矿山 - Z 乡）	一般货车 1 辆、六座小客 1 辆
西向南（Z 乡 - L 市城区）	一般货车 1 辆、时风农用车 2 辆、小轿车 1 辆、的士 1 辆
西向北（Z 乡 - 邻村 - 矿山）	六座小客 1 辆、小轿车 1 辆、轿卡 1 辆
西向东（Z 乡 - J 村 - 邻省）	SUV 1 辆
东向南（邻省 - L 市城区 - 本省某市）	翻斗车 1 辆

从这 10 分钟的车辆通行情况，可以分析出往来车辆的主要业务：首先是运输石灰石和石灰，其次是运输一般钢材等建筑和工业材料，然后是围绕 J 村的各乡镇及村落之间的货运和客运（J 村作为一个村庄，却有直通 L 市等地级市的客车）。J 村的十字街成为省际贸易往来和矿山、南水北调工程运输的重要交通枢纽。同时，十字街还承担着附近乡村农产品交易及周边村庄居民生活

消费品采购的商业功能（见图 3-1）。

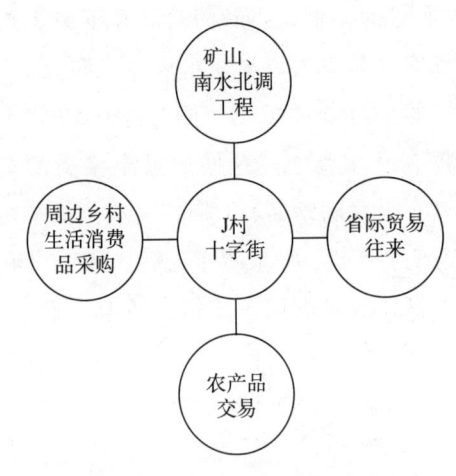

图 3-1 J村与周边贸易往来

（图中节点：矿山、南水北调工程；周边乡村生活消费品采购；J村十字街；省际贸易往来；农产品交易）

3. 十字街上的商业

交通枢纽的作用和周边村庄农业及工业发展、人们生活水平提高，进一步刺激了J村商贸发展，十字街的店铺涉及建材、电器、食品、小商品以及文娱产品（照相馆等）等，涵盖了衣、食、住、行、医各个方面。主要包括以下几类。

房屋建筑类：施工队，以及水泥、木材、铝合金、装饰装修材料、太阳能热水器等。

运输相关类：跑运输的专业户，以及相应的汽修、汽车零件等。

农产品类：化肥、种子、农药销售，粮食销售和加工。

生活消费类：五金电器、食品店、超市、饭馆、服装鞋店、理发店、影楼、茶馆。

交通工具买卖：主要是摩托车等。

医院：有公立的乡卫生院，以及小诊所。

通信类：移动营业厅。

金融类：信用合作社。

综合市场：J村商贸大市场（由十字街街心迁至十字街西北角，以前主要以菜肉集市为主，迁至大市场后，除了每天上午的集市以外，另外有50间门面房）。

学校：幼儿园、小学（学校周围有绿色指示牌"前方有学校，车辆慢行"）。

公共福利：养老院。

这些店铺和机构分布在东、南、西、北四条街上。东街大概有1千米长，商户不多，村支部大院坐落在东街中央路北，新建的"商贸大市场"坐落在东街路南，不临街，可以从十字街东南角出，也可以从东街中段往南路口进入。南街也约有1千米长，幼儿园、小学以及汽车修配和零部件销售等都集中在此。西街比较长，多为住宅，只有500米左右为商户，以建材商店为主，Y乡卫生院也在西街（Y乡卫生院并不在乡镇驻地，而是在J村），西街中段往南（西南），一条小路进去，还有养老院和变电所。北街开发最晚，大约有1500米，商店品类繁杂，建材、粮油、食品、娱乐都有。几个大型超市则集中在十字路口。具体分布如表3-4所示。

表3-4 J村十字街具体的行业分布

街区	行业/商铺分布
东街	商贸大市场、小诊所、超市、床上用品专卖、粮食加工、百货店、肉铺、水泥板销售店、药店、太阳能热水器销售、摩托销售、化肥农药销售、游戏机室、婚纱摄影、酒楼、理发店（2家）、窗帘加工、汽车修配、蛋糕店、副食批发、客运站
南街	汽车配件、机动车维修、副食小店（多家）、太阳能热水器销售（5家）、金牛管业、复合肥（多家）、"小神童"艺术培训、摩托车销售（多家）、中国移动代理点（2家）、水泥钢材、家具城（2家）、数码影视（2家）、家电销售（多家）、服装店（多家）、美容美体中心、电脑商店、诊所（多家）、装饰装修、水电安装、饭馆、加油站、理发店（2家）、轮胎店、农资店、粮店、蛋糕店、茶馆

续表

街区	行业/商铺分布
西街	超市、百货店、福利彩票点、电脑店、中国移动通信、化妆品销售（2家）、服装店（多家）、化肥种子农药店（多家）、粮油店（多家）、粮食加工（多家）、摩托车销售、家电销售（多家）、家具店、建材销售、水泥销售、铝合金（多家）、五金店、家电销售、饭馆（多家）、酒店、被套加工、收废品
北街	汽车修理、粮食加工（多家）、农资饲料销售（多家）、兽医、家具店、五金家电及维修（多家）、建材销售、门窗加工、窗帘被套加工、寿衣店、太阳能热水器销售、摩托车销售、小饭馆（多家）、酒楼、诊所（多家，并有牙科专科）、招待所、茶馆、小百货副食店（多家）、理发店（2家）、中国联通
十字街中心	大型超市（面积50平方米以上）4家左右、另有肉店和野味摊点、卤肉摊点等

虽然商店种类繁多，但是我们也可以从中看出一些行业分布的规律和特点：每条街都会有基本数量均衡的诊所、理发店、小吃店、商店、茶馆、粮食加工店、太阳能热水器销售和摩托车销售等；其他消费性或服务性行业则在各条街分开集中；汽修店一般多集中于南街尽头（北街也有），那是到L市来往矿山的必经之路；建材家具店一般以西街居多。我们在访谈过程中曾经遇到一个27岁的小伙子，他是J村村民，在外打工几年后，准备在西街开一间建材店卖木料，我们曾问过他为什么选择西街，他的回答是："那里已经形成了建材的规模经营，人家要来买的话，容易找到我的店，而且我已经有亲戚（外村人）在那里开了铝合金店，我挨着他更好做生意。"东街原来相对冷清，店铺数量没有其他街多，但是2008年，十字路口的农贸市场搬迁进了十字街东南部，东街成了一个新的集贸中心，现在除了每天的农贸集市以外，已经有其他类型的商户入驻。

随着商业繁盛，J村十字街已经从小小的自然集市，发展成为以北部山区矿石、水力资源为依托，承担省际贸易往来中转、辐射周边村庄农产品买卖和生活消费品采购的商贸枢纽中心。

二 社区的异质化与再聚合

(一) 十字街内外：热闹和安静的对比

如今的 J 村是一个行政村，由 7 个自然村组成，即 7 个村民小组。自新中国成立以来，这 7 个自然村的"土名"① 一直没有变化，耕地总亩数亦变动很小（见表 3-5）。

表 3-5　J 村耕地十年变动统计

单位：亩

年份	耕地总面积
2009	3476
2008	3476
2007	3476
2006	3476
2005	3292
2004	3292
2003	3159
2001	3159
2000	3159

注：2002 年数据缺失。
资料来源：数据来源于 L 市 Y 乡档案室。

7 个自然村彼此隔开，原先是比较独立的小聚居区（见图 3-2），各自拥有自己的土地，以传统聚落的形式聚居。2000 年以来，响应"腾庄节地"的号召，内聚型村庄开始整村往公路两旁搬迁；同时，由于 J 村集镇市场的繁荣，在 20 世纪 80 年代只

---

① 当地的口语，"土名"为其原本的地方名称。

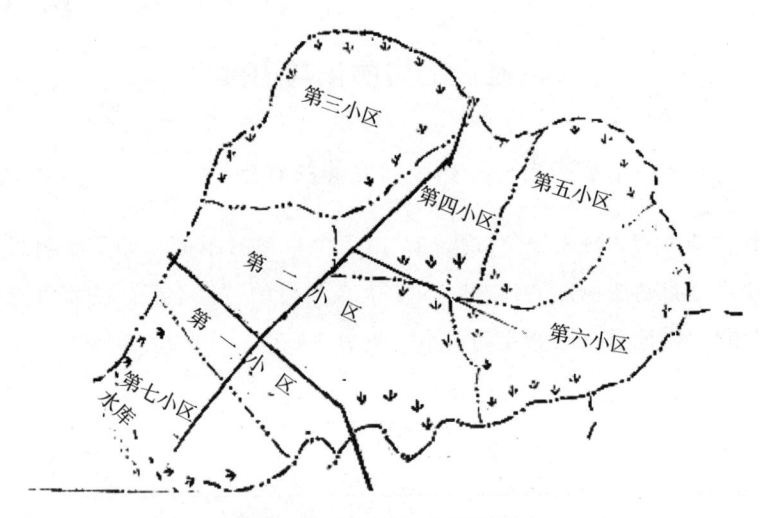

图 3-2　J 村 1998 年村落形态

资料来源：来源于 L 市袁冲乡档案馆。

是东西走向的街道，到 2009 年后已经变成了东、西、南、北呈"十"字形的商业街，有商户几百家。而原来各自聚居的村落也围绕十字街，重新迁移了方位（见图 3-3）。如今，先的一组、二组、七组已经完全搬迁到十字街，其中一组、二组散布在距离十字街中心 200 米之内，七组所在的西街狭长，村民生活区域距离十字街中心超过 500 米。剩下还有四个小组：三组距离十字街街心 1.5 千米，村民仍然保持原有的村庄聚居状态，目前只有两户搬迁至村公路旁，但其他的基本都已在原有住宅的基础上加盖了两层楼房。四组距离十字街街心约 1.5 千米，由于十字街往东的尽头是一段约呈 45°倾斜的 200 米长的坡地，并且坡上所在田地并非四组所有，四组解释说因为需要住的离个人土地近点，因此他们聚居在距离十字街街心约 1.5 千米之外的公路两旁，与邻省接界。五组距离十字街街心 2 千米，村民已经陆续往村旁的公路边搬迁。六组距离十字街街心 2.5 公里，是最远的一个村庄，村民也在陆续往村旁公路边搬迁。

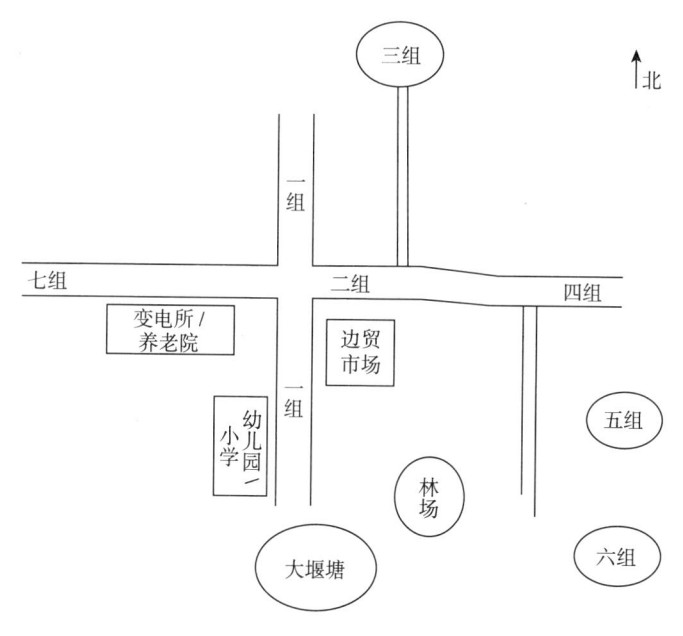

图 3-3 J 村 2009 年村落形态

资料来源：此图为笔者于 2009 年 12 月根据 J 村实态手绘。

1. 热闹的十字街

J 村十字街上的建筑，多为两层以上独栋小楼，其中一层均为商铺，楼上供生活居住。村内农民住房（一组和二组村民住在十字街上）一般是独栋小楼，从两层两间、两层三间、两层两间半到三层两间、四层两间不等，旧式的两层一般为平顶，新楼会有琉璃瓦拱尖房顶。此外，还有一些旧的国营单位或事业单位的公寓楼，以两层为主，三层和四层均比较少见，每间房平均约 25 平方米，如旧教师公寓（已可以自由交易）为四层的筒子楼。

独栋小楼一般房前有空地，房后有小院，空地和小院均为水泥浇筑。约 1/10 的家庭安装了太阳能热水器，有的楼房安装了空调。十字街上的居民住房和宅基地，像城市的商品房一样，可以自由买卖（J 村历史上行政区划变迁导致其村域内房屋产权属性复杂，有的房屋为商品房，有的房屋事实上已经可以在市场上自由交易但属于"小产权"房），或随意租赁。买卖或租赁交易由私人自行完成，房产所按规定办相应房产证。2009~2010年，一栋两层楼的售卖价格在15万~20万元（同时期L市一套100平方米商品房新房售价在18万~30万元）。

十字街上的当地村民一般仍拥有农耕地，但完全靠种地为生的已经很少，有的兼以租房，有的兼做生意（涉及粮油销售、规模饲养、建材销售等），生活模式逐渐呈现城镇化的特征。摩托车为当地村民家庭主要交通工具。做饭主要使用煤气。十字街的行业涉及生产生活各个方面，大大方便了人们生活。因此当地人介绍，附近乡镇的人采购普通以及中档日用品（例如食品、卫生用品、服饰、文具、电器、家具等）都会选择在J村十字街上购买，只有购买机车、高档衣物（多为婚礼用）或者需要做大检查、大手术的病症，才会去L市，或者地级市甚至省会城市等。十字街每天上午都有集市，人来车往很是热闹。下午人们便坐在店门口，一边做生意一边打牌、聊天、晒太阳，也有的进茶馆里打牌。街上到处晃荡着家养狗，懒洋洋的，白天几乎不叫。

2. 安静的十字街外

十字街以外的村民小组（三组、四组、五组、六组、七组）多数仍以种地、家庭饲养、打工为主要收入来源。其中四组和七组已经全组搬迁到公路两边，三组、五组和六组，多数仍然以原始聚落的形式聚居（自新农村建设、实现"公路村村通、组组通"以来，三组、五组、六组已经陆续有农民往村落旁边的新水泥路两旁搬迁，经常可以看到施工队在公路旁修建新房）。

十字街外的村民一般都拥有独立的四合小院儿。院子一面为院门；一面有猪圈、羊圈、柴棚等；一面是厨房，做饭以烧柴为主，有时候家里来客人，就使用煤气。正对着大门的是正屋，一般分为三间，正中一间叫作"堂屋"，相当于客厅，两侧各一间为"里屋"，或住人或堆放粮食和杂物。有几家仍是旧式的黑砖平房，但多数家庭都在原住宅的基础上翻盖了两层瓷砖新楼，装了铝合金门窗。有一些新楼，还安装有太阳能，但都没有安装空调。每家都拥有摩托车，有的有手扶拖拉机。十字街外的村落仍是原始村落的特点，平时比较安静，白天能见到的人非常少，每家都养狗，陌生人靠近宅院时，院里的狗就会狂吠不止，狗的警觉性非常高。十字街内和十字街外村庄分布及样态如表3-6所示。

表3-6 十字街内和十字街外村庄分布、样态比较

	十字街内	十字街外
居住形态	分列街道两旁	四组、七组已全部搬至公路旁，其他组均以原始聚居为主
住房规模	以两层为主，也有三层、四层，外贴瓷砖，房后有院，没有柴棚	新楼两层为主，旧房为黑砖房，拥有柴棚、猪圈、羊圈等
公共设施	水泥公路，并有学校、医院、商店、大市场等	聚落旁有水泥公路，无其他公共设施
居民构成	以外村人和外地人为主	除了婚嫁进入以外，其他都是本村人
生活状态	每天上午街上有集市，非常热闹，下午四邻聚集，一边照看店面，一边打牌、聊天，或者去茶馆休闲。白天路总是有很多人，街道两旁很多狗，无视陌生人，懒洋洋地	白天村子里非常安静，看不到多余的人，村民或是去做农活儿，或是外出打工，或是上集市。每家有狗，狗的警惕性很高，生人不敢靠近

（二）人员的流入、流出、留守

由于经济发展较快、市场繁荣，J村居民构成发生了很大变化。截至2009年，其居民按照户籍可分为三种类型：当地村民、"挂口头户口"居民和外来经商务工居住人员。J村在1975年有过一次详细的人口普查，当时人口为1474人，到2009年村民总人口为2165人。然而，公安部门户口登记的J村户籍的人口是3000多人。这意味着有外地人把户籍迁过来、拥有J地户口——

这在当地叫作"挂口头户口"。这种"挂口头户口"可以使子女在当地上学受教育,并不参与村内集体经济、不参与分地及一切补助、不享受村内各项福利(如合作医疗等),也不用承担村内公共事务支出(如修路等)。户口不在 J 村而长期居住的居民有 1000 多人。总计 J 村共有常住居民 4000 多人。从村委会给笔者提供的常住居民情况统计(见图 3-4),可以看出,村内外来居住(务工、经商)和"挂口头户口"居民已经明显超过本村村籍人口。

外来居住
(务工、经商)
34%

本村村籍人口
41%

"挂口头户口"居民
25%

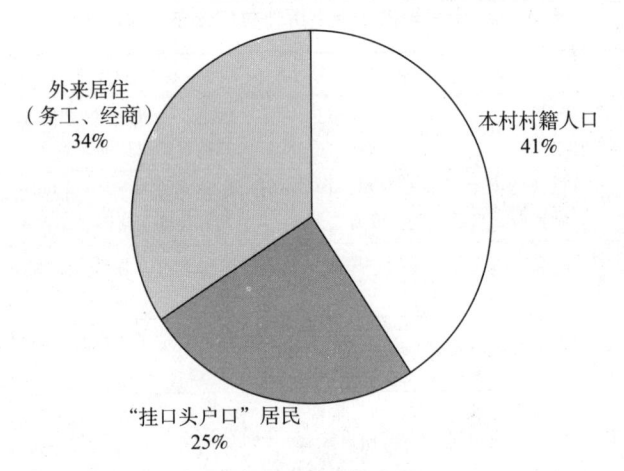

图 3-4 J 村居民构成

资料来源:数据来源为 J 村村委会统计的约数。

从人口流动过程来看,又可以将居民分为三类:流入、流出和留守。笔者约请村委会以及各小组组长和村委会原干部召开了一次座谈会,了解了三类人的流动情况。

1. 流入

据各村民小组组长和村委会干部介绍,外村人迁入本村,多是因为经商、子女教育以及婚嫁。J 村在 20 世纪 80 年代建集以后,J 村成为周围几十个村庄的商品集散地。随着集镇发展,外村人开始大量流入,从事商品经营,尤其原 J 镇下辖的 11 个行政村村民，历年来都有人前往 J 村商业街做生意，其中很多还买了商品房。

当地原来每个村都有小学，但近几十年来，孩子变少，各村学校进行了合并，原 J 镇辖内的 11 个村庄小学到 2008 年全部并入 J 村小学（只剩下三个较大的行政村尚保留学前班）。这样一来，J 村既有幼儿园又有小学、中学（2007 年 J 村中学并入 Y 乡中学），为了孩子教育而来 J 村居住的居民越来越多。

同时，J 村经济发展势头较好，也吸引了很多外村女孩嫁入，用村支书的话说："邻省的女子（当地方言，'女孩子'的意思）都愿意嫁过来，村里的媳妇们 80% 都是邻省女子。嫁到本村来的，算是我们本村的人。嫁出去的女孩子，如果户口迁走，就不是我们的人，如果不迁走，还是本村的人。"因为婚嫁而将户口迁入本村，也是流入的途径之一。

2. 流出

除了不断流入的居民，J 村自改革开放以来，流出人口也在不断增加。在当地人描述中，"J 村在 L 市各乡镇中算是'开放'脚步比较慢的，人们思想也比较保守，走出家门的步伐也比较慢，到了 20 世纪 90 年代后期才开始陆续出去打工，到 2000 年以后，外出打工的人数才明显增多"。到 2009 年 J 村几乎每家都有出去打工的青壮年劳力。每户最少一个，一般 30 岁以下、18 岁以上的都出去打工了，常见搭配是小夫妻出去打工，老人在家照顾孩子。

在出门打工队伍里，各自然村呈现明显的区别：在整户外出的统计中，一组有 1 户 5 人、三组有 5 户 20 人、四组有 11 户（人数不详）、六组有 2 户 8 人。比较可见，三组、四组、六组距离十字街比较远，村民享受十字街带来的就业机会和商业便利不如一组、二组，因此他们的村民外出打工的人数，明显高于十字街上的自然村。笔者据此理解，村民所说"走出家门的步伐也比较慢"可能更多是一种自谦。由于十字街集镇伴随改革开放而再次兴旺,多数村民在家门口即可找到工作,不必背井离乡外出打工。

除打工外出以外,J 村孩子自 2000 年来,每年都有三四个考上大学,这些年轻人一般都不再回到村里。还有因为当兵、出嫁等离开 J 村的。总的来看,J 村村民(有村籍)人口流出和人口增长(主要是生育带来的自然增长)基本保持了平衡。

3. 留守

留守在 J 村的村民有几种情况:第一类是中老年人,由于家里年轻人出去打工,中老年人留守种地或者照看孙辈;第二类是年轻女性,有的是刚生育了小孩,孩子年纪太小离不开母亲,有的是孩子到了上学年龄,不得不留在家里照看;第三类是在十字街做生意或出租房屋的,不必出外谋生。

2000 年以来,J 村经济发展迅速,再加上"腾庄节地"政策引导,许多周边村庄农户逐渐从原来的老聚居地搬迁到公路两旁,家家都盖新房,劳动了建筑业发展。J 村拥有 12 个小型建筑队,留守村里的青壮年劳力(男性),农闲都会去建筑工地干活,每个月大概有 1000 多元的净收入(2009～2010 年),比出省打工少不了太多,因此降低了青壮年劳力出去打工的概率。据村委会数据,在 2000 余 J 村人口中,外出打工(包括去 L 市里)的人口大概有 800 人,约占 1/3。如前所述,外出打工的 J 村人以十字街外的几个自然村为主,十字街外几个自然村,如同中西部的流出村一样,平时只有老人、妇女和小孩,很难遇到年轻人。

费孝通曾说过,地缘不过是血缘的投影,不分离的,"生于斯,长于斯"把人和地的因素固定了,血缘和地缘的合一是社会的原始状态。① 对于传统农民而言,村落构成了生存的全部世

---

① 费孝通:《乡土中国 生育制度》,北京:北京大学出版社,1998,第 70～71 页。

界。然而在农民流动的背景下,传统血缘地缘的社区基础发生着或大或小的变化。① 陈姓为主的 J 村,如今仅仅二组(十字街上)就有陈、梁、姚、马、朱、黄、张、高、王、肖、董、付、房、杨、齐、唐、赵等二十来种姓氏。不仅如此,由于商贸活动兴盛,以十字街为中心的 J 村社区不再是传统的"熟人社会",不断的流入、流出打破了血缘地缘边界,也带来了新的交往形态。

(三) 新的居民生活圈的形成

旧的血缘、地缘边界被打破,在人口流动背景下,J 村及其周边村庄正在形成一个以 J 村十字街为中心的新生活圈。

1. 农产品买卖在家门口解决

J 村绝大部分村民仍有耕种,农产品卖出和农资采购都在家门口完成。J 村土地极为干旱。要用水浇灌田地的话,需要修工程进行 3 级提水,而灌溉工程需要的电费太贵,投入产出不划算,因此 J 村人不种水稻种小麦,完全"靠天吃饭"。全村共 3100 亩在种耕地,无荒地、无机动地,只有农户房子附近有一点自留地;村里无自留山,只有一小片林场,不在耕地范围内;没有鱼塘,曾经的集体鱼塘因为缺水变成了一个大坑,种上了蔬菜。

J 村粮食作物以玉米和冬小麦为主,经济作物以棉花为主。这些作物皆是农民理性计算的选择。从前他们大量种花生,后来因为虫灾厉害弃种;当地辣椒长得很好,尖尖的、红红的,特别辣,但近几年价格太低,所以也弃种了;曾经种过香瓜,不过特别伤地(耗地力),种一次需要几年才能恢复,也不划算。于是如今只有小麦和玉米可以年年种,是当地的"铁杆庄稼"。村内

---

① She Xiaoye, "Pluralism of Village Boundaries: Conflict and Coexistence Within an Open Economic Boundary and Closed Social Boundary," *Social Science in China* 2 (1998).

人均耕地只有1亩多,各家土地数量差别不是特别大。有些地多的农户,农忙时请村中地少的人帮工,中午管饭,每天给40元左右工钱。有几户全家出去打工,土地就让给亲戚帮忙代种,这种协商过程不找村里,也没有正式的土地流转程序,都是私下协商。J村还有几个私人的小养猪场、养鸡场,也有人养过少量的牛、羊。村内也办过几个合作社,有一个私人主持的南瓜合作社,还有核桃、薯业合作社等,规模都不是很大。

当地粮食买卖都是通过小商小贩。商贩们会在收获季节上门收取粮食,再由他们转卖给国家粮站,或进入市场倒卖。"小商贩们有渠道,农民自己去粮站卖粮,价钱反而低。"自己拖去市场零卖更不可能。种子、化肥、农资都是农户自己购买,不必到远处,在J村十字街内即可解决。一般的家庭为了种地和买卖粮食,都买了小型手扶拖拉机,需要更大型机器设备时,再另外租用。其他粮食、肉类、生活用品等需求,也都可以在J村集市上获得满足。

2. 十字街为中心的生活圈

十字街上的几百家店铺,以及卫生院、诊所、学校等逐步完善,已经将J村以及周围村庄(包括邻省的村庄)打造成了几乎自给自足的稳定生活圈。笔者对圈内基本生活资料进行了分类问卷调查(见附录问卷B)。

第一类是生活资料。图3-5是基本日用品采买地点,基本日用品包括食品、卫生用品、普通服饰、百货、鞋帽、家居用品等;图3-6是中高档用品采买地点,中高档用品包括大件电器、机车、家具、高档服装等。我们可以看出,普通日用品的采买基本在村内完成;中高档用品也有接近一半人在村内十字街的商店解决,另有约一半人会到L市内,或者是更上一级城市采购。在我们的访谈中,不少中青年以上的受访者表示:"这街(十字街)上啥都有,跟L市都是在一样的批发市场进货,到这儿卖的还比

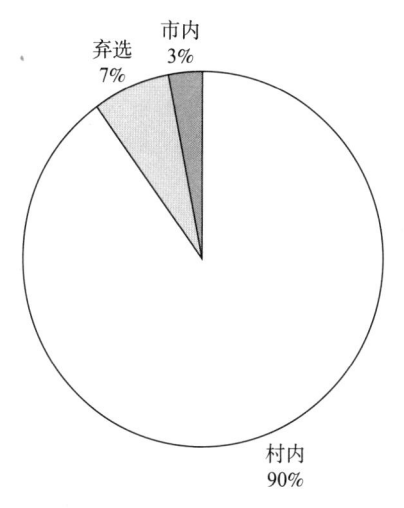

图 3-5 村民基本日用品采买地点

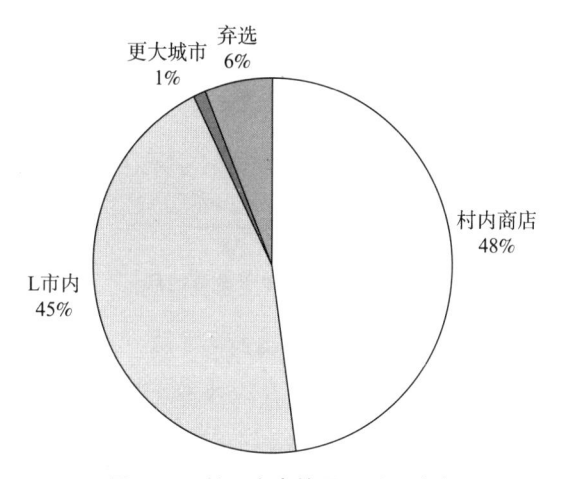

(弃选 7%, 市内 3%, 村内 90%)

图 3-6 村民中高档用品采买地点

(更大城市 1%, 弃选 6%, 村内商店 48%, L市内 45%)

L 市要便宜,所以不用去 L 市,在这里买什么都可以买到。"村支书儿子结婚,卧室家具便是在 J 村买的,十六开门的松木大立柜,质量和外观都很好,价格不到 2000 元。不过,新婚礼服是到 L 市里购买的,西服花了 800 元(等同村里农民在工地打工大半个月的收入)。村支书说:"J 村没有这么好的西装,高档点的衣服还是要到市里买。"除高档衣服以外,卡车、拖拉机、轿车等，J村也没有，不过一般的家用电器J村都有卖。笔者访谈时即将在大市场开业的电器大楼，更是涵盖了各式大件电器。

第二类是学校。2007年，J村中学并入Y乡中学。但原J镇11个村的幼儿园和小学全并入J村。在我们所调查的80位居民（J村人45位，外村人35位）中，家有小孩儿念书的，基本上幼儿园和小学都在J村十字街，初中到Y乡，高中到L市内，暂时没有直接在市区内读小学和初中的（见图3-7）。

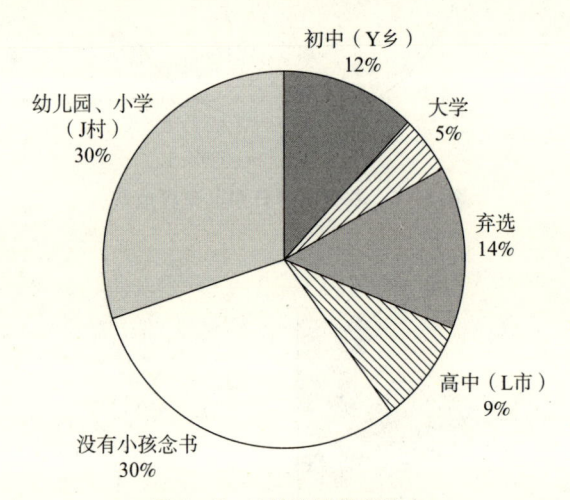

图3-7 J村孩子教育地点

第三类是办理金融、电信、邮政等业务。J村十字街不远即是信用合作社，几乎所有的村民存取钱都在信用合作社，村民提起"银行"就会想到信用合作社。十字街有中国电信和中国移动设的站点，也可以办理电信业务，只是没有邮局，邮局只有Y乡街上才有。居民在办理这类业务时，大多选择骑摩托车去远一点的地方办，村内办理只占了30%（见图3-8）。

第四类是医疗和社会保障。J村每条街上都有1~2个诊所，四组另外有一家诊所，离十字街比较远的三组、五组、六组没有诊所。西街还有一家卫生院，叫"Y乡卫生院"。J村已经实施了新型农村合作医疗制度，农民可以自愿选择加入合作医疗。十字

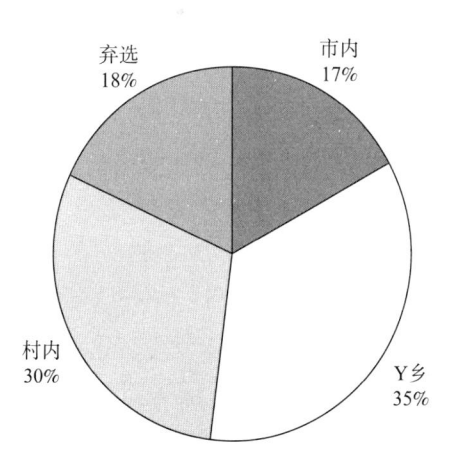

弃选 18%　　市内 17%
村内 30%　　Y乡 35%

图 3-8　村民对金融、邮政、电信等业务办理点的选择

街上的卫生院是合作医疗定点医院，同时又有信用合作社，为新农合理赔提供了很多方便。但根据笔者的访谈，平常就医，J 村人多选择卫生院或者诊所（见图 3-9），生大病会去市里，或者更好的医院，也有选择去外省（可能是回自己的老家看病）甚至北京。但是仍有一部分选择在"生大病"时到卫生院就医，如白内障手术、阑尾炎手术等，在卫生院已经可以解决（见图 3-10）。笔者选择了一个普通的下午在四组一家诊所坐了半天，发现一共有 5 个小孩儿因为天冷感冒发烧而前后去打点滴，家长在

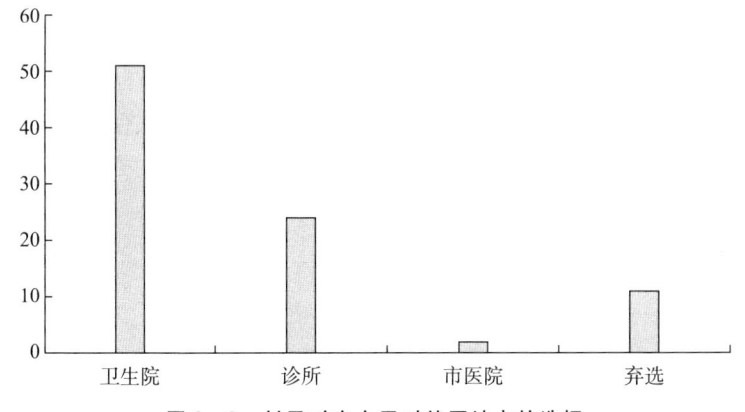

图 3-9　村民对家人平时就医地点的选择

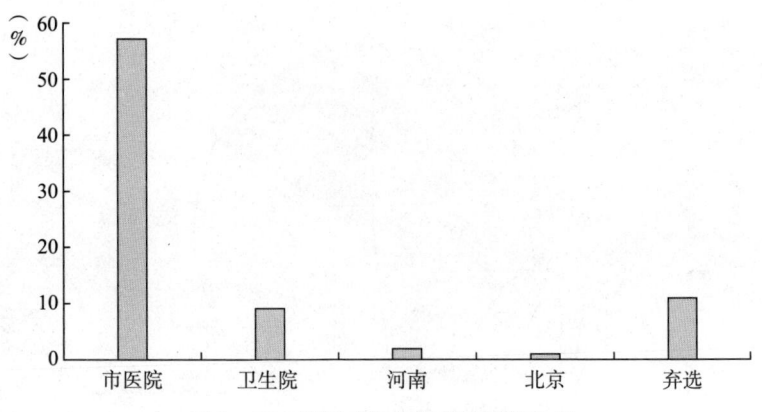

图 3 - 10　村民对生大病时就医的选择

旁边陪护——四组的情况比较特殊——它离十字街比较远,去诊所比较方便。而在距离十字街不远的东街,也只有一家河南人开的药店,所以东街人平时就医大都选择去卫生院。考虑到这些,笔者推测,距离和便利也是影响村民就医偏好的主要原因。除医院以外,J村还有一家养老院,由市财政供养,仅收纳Y乡籍孤寡老人。笔者访谈时,养老院住着100位老人。

第五类是交通。十字街路口靠东是一个客运站。村支书的妻子曾经跟笔者介绍说:"从J村去地级市,比从L市去更方便。"笔者去客运站看了一圈,果然在J村客运站上车,可以到达省内各大地级市,甚至省外的西安、杭州、南京、天津、北京等50多个城市(大多需经L市停留或转乘,少数几个城市可直达)。周边村民可以直接在客运站购票乘车出门,非常方便。不过客运站每天营业到下午5点。

三　小结

改革开放以来,随着中国城镇化转型,大量农民开始在城乡之间及乡村内部不同地区之间流动。在我国工业化发展较快的沿海地区和少数内地发达乡村,发达的工商业吸引了大量外来人口,有的外来人口甚至超过本地人口,形成外来人口与本地人口"倒挂"的现象。J村常住人口中,半数以上也已经是外来人口。伴随着农民生产生活空间发生转移,乡村传统文化、农民的交往方式、交往对象以及生活习惯也都被重构一新。

从"社改乡"和"乡政村治"体制建立,到"撤并乡镇"和推行"村民自治",再到税费改革后乡镇管理体制创新,伴随着新时期乡镇改革进程的加快,乡镇和村庄规划亦不断变迁。比如J村先由村合并变公社再变乡镇,使供销社、粮管所等垂直"条条部门"和大量"商品粮"户口人员迁入乡村社会与村民杂居;再由乡镇复变村庄,从一个拥有11个行政村的乡镇,复归一个普通行政村。建镇和撤镇这两次重要的规划变迁,带来了社区边界的重要变化,也涉及农民生产和生活方式、农业及农村经济社会结构、社村人居空间、生存环境的改变。

吉登斯认为,"现代性以前所未有的方式,把我们抛离了所有类型的社会秩序的轨道,从而形成了其生活形态。在外延和内涵两方面,现代性卷入的变革比过往时代的绝大多数变迁特性都更加意义深远。在外延方面,它们确立了跨越全球的社会联系方式;在内涵方面,它们正在改变我们日常生活中最熟悉和最带个人色彩的领域。"[①] 流动及一系列资源分配和行政权力的改变,打破了乡村社区传统"熟人社会"的安静与平衡,外来人口开始长期居住并与本地人口在经济、生活方方面面密切合作交往,原始的血缘地缘共同体边界瓦解,同根同族的乡村社会公共空间发生深刻变化,以"差序格局"为特征的农村共同体面临解体危机。这些改变也将给社区中人们的认同、权利、公共产品与公共服务提供,以及乡村文化等带来一系列的冲击和改变。

---

① 安东尼·吉登斯:《现代性的后果》,田禾译,黄平校,南京:译林出版社,2011。

第4章 "我是谁":社区身份和认同的重建

引子 "外人"和"自己人"

早晨六七点的时候,十字街上新修建的商贸大市场里,就被小拖拉机堵得水泄不通。上午9点左右,大市场早晨最忙的时段过去了,这时才适合去找人聊天访谈。市场仍然很热闹,散客熙熙攘攘,人来人往。笔者一踏进市场,人们看到笔者这个陌生人,就投来异样目光,并小声议论。"那什么人?""谁知道呀,都在这街上晃了好几天了!""住到哪儿?"……有一次碰到一个卖调料的摊主,是一个小伙子,很健谈。笔者请教他:"每天来这里买卖的人那么多,为什么独独议论我?"小伙子笑着解释说:"你是外人,生(陌生)得很,所以他们肯定要议论。"可是大市场里绝大多数摊贩,也不是J村人。这个说法真是有意思。大家都不是J村人,市场里甚至还有一些是外省人,可是他们却一起给笔者贴了个"外人"的标签。笔者是外人,是陌生的,那么他们是"自己人"?

说到这个"自己人",还有一件有意思的事。刚到J村的时候,正赶上大面积停水,据说是水管坏了,一下停了12天。打听一下原委,原来村民嫌自来水公司安装费太高,闹过矛盾,后来自来水公司有一段水管坏了,要挖开村民家门口的地进行修理，村民不让，于是僵持在那里，便停水了。村支书一遍一遍地协调，但自来水管安装公司是私企，而村民又不肯让步，所以协调工作进展缓慢。最苦恼的是十字街内一家饭馆的老板——他也是隔壁村的村主任，饭馆处在停水区域，他只能愁容满面天天找J村书记抱怨："还是得想个办法吧，不能这样停下去，饭馆是一刻都不能离水……"

对停水的苦恼和抱怨，笔者在十字街访谈的时候经常遇见，甚至还有人专门前来托笔者"向上面反映反映"。但令笔者十万分惊讶的是，J村书记说，找他抱怨的人很少，最频繁的也就饭馆老板一个。笔者问书记："你们村人遇到这么大事难道不跟村委会反映吗？"书记回答："本村人的自来水管一般安装时间比较早，在停水区的比较少。"如此说来，跟笔者倾诉和抱怨的都是外村人？那这些外村人平时生活出现的问题和困难，都怎么解决？

看来J村的"外人"和"自己人"，里头真是大有文章！

一 身份的尴尬：土地和户籍分化出的四类J村人

J村历史上经历过由村变镇，又由镇变村的行政区划变迁，村内居民身份来源复杂。20世纪八九十年代，有一段时期，集镇非农户也可以在农村申请建房（经由县级人民政府审批），因而村内房屋产权属性也十分复杂，有些虽然在十字街上合法拥有房产，但不是本村村民，甚至不是农村户口。依据户籍、土地两个基本限定条件，按照有地、无地、有本村户口、无本村户口四个变量，可以用一个矩阵描绘出十字街居住着的四类人：本村人、本市外村村民、原国家公职人员（非农业户口）、外省人（见表4-1）。

表 4-1　居民身份分类矩阵

	有地	无地
有本村户口	本村人	部分外村人
无本村户口		本市外村村民、原国家公职人员（非农业户口）、外省人

其中有地有本村户口的是本村籍村民。无地但有本村户口的（孩子可以在本地入学）是部分外村人。原国家公职人员拥有原"商品粮"户口，即非农业户口，在 J 村十字街常住，没有耕地。外省人既无地也无本村户口，他们有的可能与本地有姻亲关系，有的只是来本地做生意。

（一）本村人

十字街上的 J 村村民，职业有务农、务农兼经商、务农兼出租房屋三种。其中分布在南街和北街，且距离十字街心 200 米范围之内的一组和二组（每组为一个自然村）村民，务农兼经商、务农兼出租房屋的比较多；七组距离十字街心 200 米以外，离商贸中心比较远，村民仍多以务农为主。在笔者随机访谈的十户 J 村村民中，做生意的有 4 家，其中一家卖太阳能热水器，两家做粮油生意，还有一家开茶馆（主要是供人们打麻将，所以本地人也叫麻将馆）。另外，有 2 家把自己的房子出租出去，收取房租。

卖摩托车的那家男主人介绍，十字街上做生意的家户中，本村人占不到 1/5，基本上都是外村人。而且本村人做的生意，种类也很少，拿南街来说，只有他一家（本村人）卖太阳能热水器，其他本村人要么开粮油店，要么开茶馆（麻将馆），要么剃头（理发）。剩下有一些，把房子（通常是底层门面）租给人家做生意。多数本村人以务农为主，房子自己住，不会做生意。开茶馆（麻将馆）的一般都是 J 村人，不过进去打牌的没有分别，四周街坊邻居都会去。

以租房为业的两家中，有一家称得上是当地租房大户。男主人 45~50 岁，穿的是当地做活人惯常的旧"军装"，很随意，不是很整洁。笔者访谈的时候，他一边打牌一边应声，并不是很热心，只要涉及收入，都会精明地嘻嘻笑着，一带而过："没什么收入，勉强能吃饭。"但周围邻居称他拥有 7 栋楼房，其中有 14 间门面房。按照当年每间门面至少 3000 元/年的租金计算，那么他一年可以收取房租 4 万多元，数倍于当时出去打工人的年收入。他没有做别的生意，还种了 10 亩地。他曾经当过一组的小组长，有两个孩子，女儿已经嫁到 Y 乡，儿子当兵才回来，没有外出打工，也不打算外出。问及他对于现在生活有什么评价，他很肯定且愉快地说："生活还可以，目前很满意。"虽然貌似不热心，但笔者看得出，他很认真地倾听了所有问题。跟他一起打牌的人，都是对面小学（原中学）的退休教师，不是本村人，但是看得出他们关系很熟，牌打到最后，输赢并没有认真算，彼此"笑骂"几句就过去了。

东街有两家理发店，店主都是 J 村人。一家是父亲开的，一家是儿子开的。他家的另外一个儿子在山那边的邻省开理发店。父亲的店给老年人理发，儿子和媳妇在隔壁的店里给年轻人理发。据村支书介绍，从前父子俩是在一个屋子里理发，但是老爷子个性强，觉得技术比儿子好，每当有客人来，总是爱跟儿子抢，于是儿子决定跟父亲分开，各开一家，由客人自己决定到哪家去理。这样一来，父子俩很公平地划分了市场。

除了一组做生意的村民以外，十字街上的多数村民仍然是以种地为主，有几家办了养殖场，但规模也不是很大。东街的一家养猪场，笔者去参观了一下，大概只有七八十头猪。

（二）本市外村人

居民中，本市外村人的构成有三种：第一种是来自 Y 乡其他村的村民，第二种①是原 J 镇所辖村庄的村民，第三种是来自 Y 乡以外乡镇的村民。这些外村村民在 J 村的生存状态也分为两种：一种是在 J 村买了房子，另一种是在 J 村租房。外村村民来 J 村都是以做生意为主。这些外村村民大部分在 J 村居住时间比较长。问卷 B 随机抽取的 35 位外村人中，10 位"居住 5 年及以下"，占 29%；6 位"居住 6～10 年"，占 17%；8 位"居住 11～20 年"，占 23%；5 位"居住 21～30 年"，占 14%；还有 5 位"居住 31 年及以上"，占 14%（见图 4-1）。

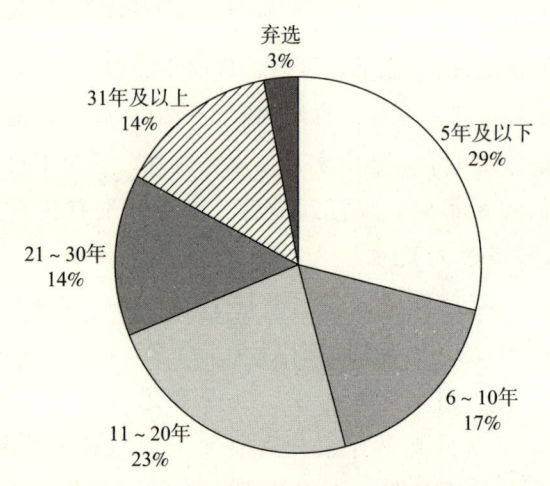

图 4-1　非本村籍居民居住年限调查

有一对夫妻，丈夫 50 岁，妻子 47 岁，原来是附近村（原 J 镇所辖）的，婆婆祖籍是 J 村三组，因此有机缘来 J 村做生意。他们来 J 村比较早，生活二十多年了，房子是 20 世纪 90 年代自己买下宅基地后修建的。在老家没有土地，完全靠在十字街开粮食加工店生活。有两个儿子，大儿子 26 岁，已经结婚且已生育

---

① 按照现在规划来说，第二种也属于第一种，因为 2001 年 J 镇合并到了 Y 乡——但是原 J 镇所辖的村庄仍然自称为"J 镇人"，而原 Y 乡的人，只称自己为"Y 乡人"。

两子;二儿子只有15岁,中学才毕业,没有升学,也不够年纪外出打工。他们不认为小儿子能够接手粮食加工店,因为榨油和脱谷粒的工作枯燥费力,太辛苦,谷壳满天飞,工作环境也比较脏。他们的户口都在老家,当时因为丈夫的姐姐在J村油坊当榨油工,弟弟过来帮忙(投奔姐姐),花费比本村人高一倍的钱在J村读书升学,后来慢慢扎下根。儿子孙子们现在都跟老两口住在一起,他们寻思在当地再找一处宅基地,盖一栋楼房。但由于宅基地现在严格"一户一宅",再没20世纪90年代的政策,买房很难如愿。

另一个35岁的外村(原J镇所辖村)人,妻子来自Y乡所辖但非原J镇的村庄。本来他是在深圳打工,后来小孩要上学没人照顾,就回乡创业了。他一直认为深圳的治安好,工作机会多,比老家好。但由于孩子要读书,深圳一年几千元的学费(相当于当时J村农民一年种地收入)太高,只好回来谋生。他们是2003年搬到J村的,租了一间上下两层的房子做家电生意。他们在老家(自己本村)仍有耕地,农忙的时候回去种地。如果家里出了什么事情,他们说:"肯定是回去自己本村找亲戚朋友帮忙,亲戚朋友离得不远,一般都在Y乡内。"他认为这几年的日子,过的比从前要好很多了,但他建议J村还需要大力宣传集贸大市场,搞活动中心(文娱设施)。

还有一对年轻夫妇也是租房子做生意。丈夫27岁,妻子26岁,他们都不是J村人,一个来自稍远的乡镇,一个来自原J镇所辖的村庄。夫妻俩以前都在深圳打工,孩子上幼儿园后,为了孩子的教育,不再打工,搬到J村租下一个门面卖副食。在这位年轻父亲眼里,深圳比J村要好很多,因为工作很好找,街道环境也好很多。但他也表示不想再出去打工了,想让孩子在J村踏实上学,他认为在J村生活很方便,生意也好做,他们小家庭开销不是很多,在本地生活不错。

(三) 原"商品粮"户口的国家公职人员

从 1987 年至 2001 年，J 村属于 J 镇（镇村同名）。建镇时，J 镇有供销社以及乡镇机构改革前的七站八所。随着计划经济体制向市场经济体制转型，乡镇逐步撤并，供销社和七站八所等国营企事业单位人员都被分流。笔者将其称为"原国家公职人员"，即指原国营企事业单位职工，或者是当时的"国家干部"或"国家职工"，或者是公立学校公办教师，他们属于非农业户口，由国家发工资，退休后纳入社保体系（有的在单位机构改革的时候被一次性买断工龄，自交社保），他们自建镇时代即在 J 村十字街工作和生活，大多买了房屋（有的买了单位的房改房）。

这类人在十字街商户中占了不低的比例，分布在十字街的不同方位。南街中学旧址（现在又有幼儿园和小学）对面，有一栋四层高、大概每层 11 间房的教师宿舍楼，房改后产权卖给学校老师个人。学校撤并后，老师们或自做生意或出租房屋。笔者碰见一位退休老教师，他在当初学校分房时买下了产权，然后将底层门面房出租，自己住非门面房。儿子在广西与越南人做边贸生意，娶了当地媳妇，仅过年时回老家。老教师并不常去广西玩，跟老伴生活在 J 村。学校属于教育系统，虽然在村庄范围内，但不归村内管，所以他一般不参与村内事务，而是参加原单位（学校）党组织的活动。

西街北面原先是粮所（L 市粮食局下属单位）。粮所拥有一栋楼及一个大院，楼是临街三层楼房，底层全是门面房。粮所破产后，职工分别买下房子，继续做粮食收购、加工生意，或把房子出租。笔者随机访谈到一家人，男主人 40 岁左右，有两个孩子，大的上高中。他们经营一家粮店，店面是两间打通的一个大间，大概有 60 平方米，也是当初单位破产时他们买下的。男女主人坦言，虽说现在经济条件好了，但是也会有事让人心烦，比如停水很多天了，吃水很不方便。笔者问他们为什么不去大队部①反映，男女主人异口同声地说，大队部不管，自来水厂是私人的，他们管不了。笔者追问，平时有困难会不会去大队部找村干部？他们说不会，他们是老粮所的人，跟村里无关，自己老老实实做生意，没有什么问题，就是稍微有点困难，也往往会找亲戚朋友、街坊邻居，或者从前的老同事。这家的隔壁，也是粮所职工买下的房子，出租给外省人卖童装。房主搬去了L市居住，房租一年一收，平时不用管理。

西街南面有几家是原供销社职工在供销社破产后购买了原单位的房子，继续做五金、家电等生意。有一家，女主人是供销社退休职工，男主人是原棉花站职工（棉花站已破产），属于商品粮户口②，不是J村人，但籍贯在Y乡。"单位"撤销后，他们感到非常没有归属感。女主人说，现在"我们处于没有人管的状态，就是没有吃的（指生活无依靠了），也不知道找谁。找人家乡政府，人家说你们做生意的，不可能有生活困难。但生意现在人人可以做，我们年纪已大，两个孩子又都在外面读大学，几乎没有人帮。我丈夫身体有病，按理说应该享受低保（被访者认为的）"。

（四）外省人

J村位于两省分界处，过了J村往东即是邻省地界。历史上L市一直是商贸重镇，相邻几省一直有来L市做生意的传统，于是J村附近亦源源不断有外省人来做生意。J村外省人中，以河南人居多，也有一些由陕西等省举家搬迁过来做生意的。附近河南人有把女儿嫁到J村的传统，以当地的话说，"河南的女子都喜欢

---

① 当地人将村委会所在的大院仍称"大队部"，具体缘由详见第二章。
② 计划经济时代，农村人口自己种粮食，非农业户口和单位工作人员不种粮，粮食是要计划供应、凭证供应的。这部分人就是商品粮户口，也就是说商品粮户口就是非农业户口。

给到我们这里来①,我们这里的媳妇,80%都是河南籍的"。河南的亲戚们也会跟随这些嫁过来的女孩们,来J村集镇上做生意。

十字街上的商铺中,河南人经营规模较大、年头较长的大概有20多家,涉及汽车修理(超过两家)、服装(超过两家)、洗化日用品、药房、祖传中医、家电、裁缝、布料、"数码影视"、家具、水泥钢材(超过两家)等行业。据说刚刚建好的"商贸大市场"里,也早已经有河南商人入驻。在南街的尽头——离村里的行政中心以及十字街心都比较远的地方,有好几家汽车修配店,都是河南人开的。开汽车修配店的多兼跑运输,从那边的山里往外拉石灰石。因为早几年运输业赚钱多,他们多数已经比较有钱,在J村生活了十几年,房子都是自家买下的。

总体统计,河南籍商户中来J村十字街生活时间最长的有17年,多分布在南街和北街,主要为抱团聚居。待买下或租下房子,一家人都会迁过来,孩子也在这里读书。过去外省籍孩子们读书要交高昂的借读费,近年来学龄儿童统一纳入义务教育,他们的小孩也像村里小孩一样,不必再交任何费用。河南籍的商户原来多为农民,在河南老家还有耕地,但是已经不回去种,都是请老家亲戚代种。笔者访谈的河南人一般都表示,与邻里关系也很好,但是如果家里出了什么大事,还是会回老家请亲戚来帮忙,过年他们都会回老家。他们认识村支书,见面也打招呼,有的甚至处得很好,但从来没有去过大队部。

除了河南人以外,在J村居住的还有几家陕西人。其中一家在南街上做早点生意,另一家开了杂货铺,卖锅碗瓢盆等杂货。无论是河南人还是陕西人,他们在J村的居住范围都以南北街为主。一方面,由于南北街属于改革开放后开发的新商业街道,商户多是改革开放之后从各处来做生意的人;另一方面,南北街远离位于东街的行政中心——大队部,这些外省人普遍认为,自己

---

① 当地方言,"给"就是"嫁给,嫁来"的意思。

在当地最好"别惹事","平时没事的话,能不在大队干部眼皮子底下出现就别出现",自己安分做生意,以生意往来和邻居交往为主,平时也没有特别重要的问题发生。买房、租房也是托亲戚朋友、邻居打听,然后先私人进行协商,再进行市场化交易,几乎不需要去找村委会。因此,外省人在 J 村"几乎没有人管"。带领笔者去各条街道做访谈的村主任表示,"十字街上很多外省人他都不太认识"。虽然十字街上的人们生活在一起多年,但外省人既没有土地又没有当地户籍,仍然无法彻底融入。村里人介绍到他们的时候,一般会首先立刻亮明他们的身份——"他们不是我们这儿的"——即使这些在这里已经扎下了根的外省人从未有过离开此地的打算。

二 亲密背后的纠结:四类人的交往和认同

(一)攀亲戚、攀地域、重邻里——社区生活的相互依赖

血缘关系和地缘关系是构成中国传统社会结构和人际关系的基础。费孝通先生对此做了最为经典的概括,他使用"差序格局"概念来形容这种关系。"差序格局"这个概念揭示了传统中国社会的人际关系是以己为中心、逐渐向外推移的,表明了自己和他人关系的亲疏远近。而这一格局的基础,便是以家庭为核心的血缘关系,而"血缘关系的投影"又形成地缘关系,血缘关系与地缘关系是不可分离的。①

以血缘关系和地缘关系为基础的所谓"差序格局",曾经一度被以财产占有程度和政治态度为基础的"阶级格局"所取代。

---

① 费孝通:《乡土中国 生育制度》,北京:北京大学出版社,1998,第 26~70 页。

当家庭联产承包责任制取代人民公社之后，财产占有和政治态度渐渐不再成为同心圆的中心。而流动所带来的血缘地缘边界的打破，使同心圆中心更不可能恢复到完全的血缘和家族。然而传统的以血缘和地缘为交往和信任基础的模式，仍然在这个大变动的时代深刻影响着人们之间的交往。

1. 交往范围

伴随着集镇商贸的发展，十字街四类居民的交往和认同也在发生相应的变化。这种变化在笔者的问卷调查中体现得很明显。在回收的80份有效问卷（B卷）中，J村村民占56%，非J村村民占44%。针对"您的亲戚和好友（平时交往最多的）是哪里居多"这一可复选的问题中，非J村村民同时选择"J村"和"老家"的有37%，选择"J村"的有20%，选择"老家"的有43%。可以看出，非本村籍的居民不管在J村住了多久（在我们的调查范围中，在J村居住年限最长的为30多年），对老家的依赖程度还是比较高，但同时，又有超过一半的外村籍居民的亲友及交往圈子在J村，并且有20%的居民完全脱离了老家，亲友圈子全部在J村。综上可以看出，由于在J村内长期居住，外村人对所居住社区的亲友交往依赖程度已经比较高。

笔者又利用A卷中的"村（社区）依赖度"问题，对村民的交往圈和认同方式进行了更深入的调查。A卷调查没有分本村籍还是外村籍，而是在村头随机发放和访谈的。问卷共访谈了百余位居民，填写问卷的人包括外村人、本村人，也有其他自然村的居民。

首先是对于村民之间关系的评价。受访者中，认为村民之间关系一般和关系密切、团结的，均占到大约一半，只有极少部分认为村民之间仍分成几派、不团结（见图4-2）。而在谈及村民小组相互之间的关系时，累计有71%的被访者认为关系一般或是没有什么关系（见图4-3），可见社区内村民小组之间关系较生疏淡漠。这一方面是由于各自然村在血缘、地缘上自成一体，相互之间的空间距离也不近，来往不是特别便利，另一方面也与经济发展的分离态势脱不开关系。有的村小组位于十字街，在改革开放中较早参与十字街商业发展，实现了个人或家庭的增收，而有的小组远离十字街，很晚甚至至今也没有参与十字街的商业经营活动，仍以务农和打工为主要生活来源。这两种不同的生活

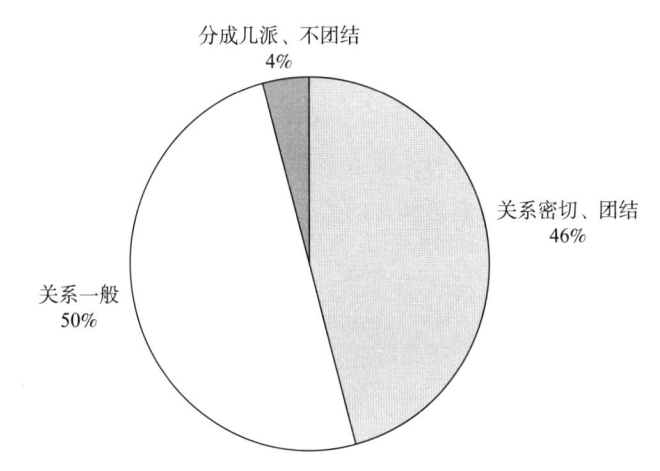

图 4-2 被访者当前村民之间关系的评价

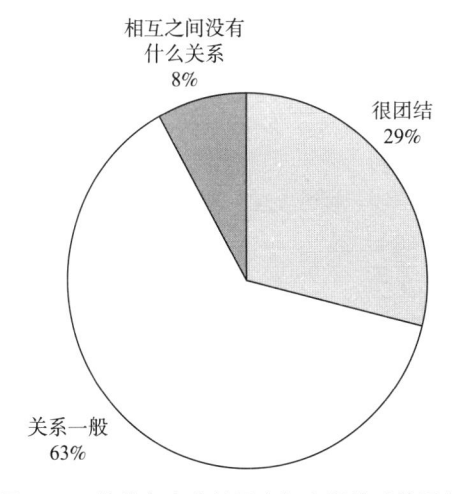

- 分成几派、不团结 4%
- 关系密切、团结 46%
- 关系一般 50%

图 4-3 被访者当前村民小组之间关系的评价

- 相互之间没有什么关系 8%
- 很团结 29%
- 关系一般 63%

选择，一定程度上拉开了相互交往的密切程度。

接下来是对村内居民之间交往密切程度的一个调查。从问卷结果可以看出，村内居民相互见面一般都会主动打招呼（见图4-4）。有受访的居民说，"认识的就不用说了。有的不认识，但知道都是村里的，所以至少也要点头打个招呼"。但仍有少部分居民选择"有时打招呼"，问及原因，他们回答多半是："近些年搬来的人多了，有时候只是认识，相互不熟悉，甚至不认识，名字都叫不上来，没法打招呼。"村主任也跟笔者讲："现在人多又杂，我虽然是村主任，但因为我住在5组，离十字街比较远，有些像南街这些河南人和外地人多的街道，里面很多人和房子连我都不熟，说不出他们是哪儿的人。"

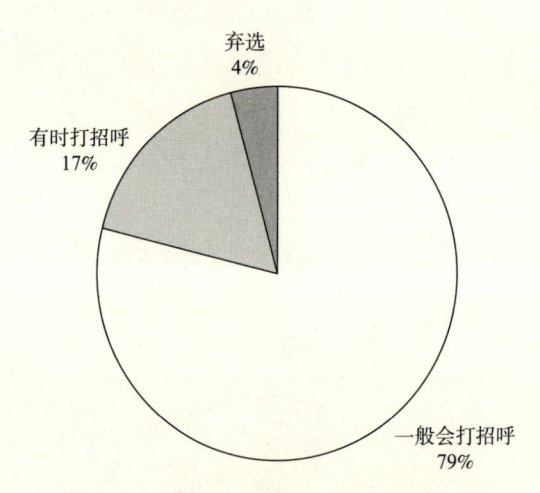

图4-4 被访者对是否主动打招呼的选择

（弃选 4%；有时打招呼 17%；一般会打招呼 79%）

2. 新的交往方式

笔者访谈时发现一个很有意思的现象，在乡村社区中大家仍然以"熟人社会"为主要生活形态，在外来人口增多的情况下，社区开始打破原始血缘、地缘联系，建立新的身份联系，"形成一个新的熟人社会"。如笔者访谈时问的第一个问题总是："你是J村人吗？"得到的回答多为肯定。接下来再问："你们家拥有多少耕地？"对方就会解释："我不是J村本村的，我是老J镇的。"或者说："我是Y乡的，我亲戚在J村，所以我也不算外人。"所有被访的外村人，在J村或多或少都有亲戚朋友。大家相互之间以"叔、伯、婶、嫂、哥、姐、弟、妹"相称，不直呼姓名。根据数据和访谈，我们可以看出，J村居民之间正在形成新的认同和交往方式，主要包括以下三种。

一是攀亲戚。来J村做生意之初，很多人是来投奔亲戚，也有来了之后攀上亲戚的。在J村周边攀亲戚很容易，并不一定非要血缘关系，农村有一定的"辈分"，每个人都在家族里属于特定辈分，按照辈分原则，再加上"亲戚的亲戚，也是我的亲戚"原则，外村人很容易在J村找到亲戚，按照辈分相互称呼"叔、伯、婶、嫂、哥、姐、弟、妹"等。一般有血缘关系的亲戚关系比较密切，没有血缘关系的亲戚，则会发展成为好朋友。除了私人亲朋地域关系，与村委会干部关系好也算是非常有用的人脉资源。

二是攀地域。被访的外村村民，经常会说自己是"本地人"。很多人虽然没有J村户籍，但是他们有的原籍属于老J镇下辖的某个村庄，心理上自认是J镇人。另外，由于J村现辖于Y乡，有些在十字街生活的"Y乡人"，也认为自己与J村人一样，都是当地人。

三是重邻里。在被访的外来人中，邻里关系已经变得很重要，他们表示平时经常会和邻居打牌、聊天，也经常请邻居帮忙照看店铺或小孩，因为"远亲不如近邻"。尤其是外省人，如果没有本地姻亲关系，就很难找到血缘亲属关系，又没有地域优势，平常有点儿事只能靠邻里，他们表示："跟邻居的关系都处得很好，从未有过打架斗殴的事件。"受访的J村人也认为邻居之间关系很好，不分原籍，他们的理由是："都是做生意的嘛，他们（指外来人）也是（因为）做生意才来，和气生财，大家都是笑脸相迎。"

（二）回老家搬亲戚：合作与依赖之下的认同纠结

不管有地无地、有无本村户籍，无论本村、本乡、本市、本省抑或外省人，居民们在十字街社区朝夕相处，利益休戚相关，生活相互依赖。这些"身份来源"各异的居民，平时相处非常融洽，据笔者了解，整个十字街上的纠纷特别少，治安状况非常好，邻居间很少闹大矛盾。每当下午闲暇时分，几乎每个商店门口，都摆着三三两两的扑克牌桌，四邻相聚玩耍。用他们自己的话说："输赢也不计较，一起打发闲时，图个开心。"

然而传统的交往习惯依然深刻地影响着居民的交往方式。笔者的问卷专门提到对亲朋好友的合作依赖。在"生产上有困难，找谁帮忙"这一问题中，选择亲戚的占到44%，直接选择邻居的占14%，选择村干部的只有3%，还不及"出钱请工"的比例高（见图4-5）。这种"生产上的困难"，笔者在访谈中简单界定了一下范围，即帮忙看店、帮助卸货等小事。而在"生活上有困难，找谁帮忙"问题中，找邻居帮忙的就比较少。笔者在访谈中，界定了"生活困难"主要是缺钱，或者是家庭出了比较大的

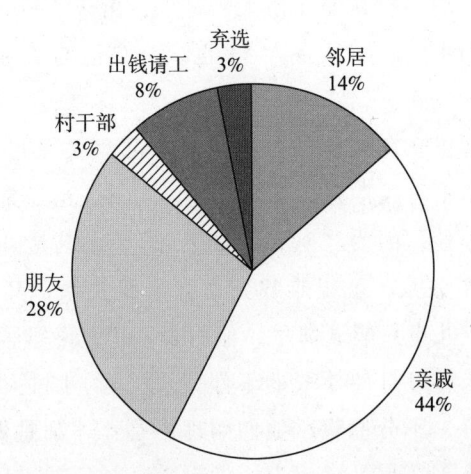

出钱请工 8%
弃选 3%
邻居 14%
村干部 3%
朋友 28%
亲戚 44%

图4-5 被访者在生产上有困难时寻求帮助的对象

变故等，在较大的生活困难面前，大家还是以依赖亲戚为主（见图4-6）。

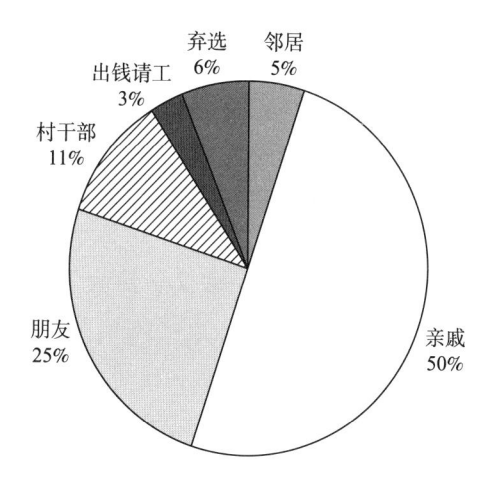

图4-6 被访者生活上有困难时寻求帮助的对象

而在"交往圈子的理由"中，"亲友联系""相互帮助"的比例已经几乎持平（见图4-7），很多受访者直接把"相互帮助"理解为邻居之间的相互扶助。可见，越来越密切的社区交往

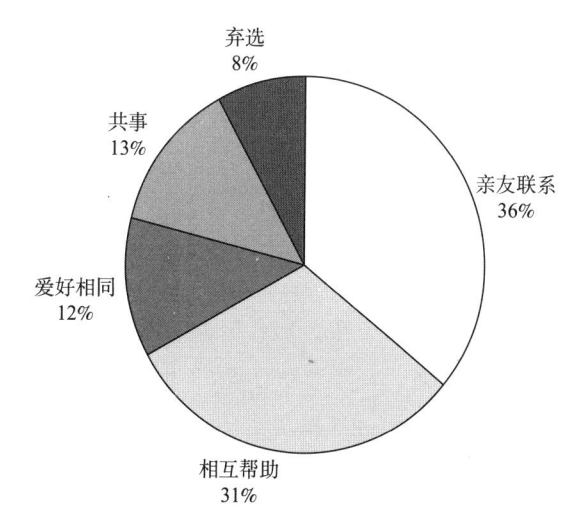

图4-7 被访者选择交往圈子的理由

和联系，是社区形成新认同的重要途径。然而表面的密切之外，社区交往和认同仍然存在深层次的纠结。

1. 外省人害怕受访 VS 本村人积极受访

笔者调研的时候，寻访一家外省人开的家具城，结果吃了闭门羹。女主人态度非常冷淡，以自己"不是本村人，只是来做生意的，这家店的主人不在"为由拒绝了访问。为弄清楚缘由，笔者收起问卷，只是闲话家常，才跟她聊了一些。她说自己"我们是外地人，在这里做生意仅仅是为了赚钱，'多一事不如少一事'，尽可能不要惹事"。在弄不清楚笔者访问意图的情况下，她和丈夫都担心自己如果对村里事务"指手画脚"，万一出了什么岔子，"传到了别人耳朵里"，担心自己不能再继续做生意（虽然这种事还未发生过）。无论笔者再怎么解释，她都认定了"自己不是本村人，所以我什么话都不会说，最好不要给我找麻烦，我做生意的，也不容易"。笔者后来只好离开了那家店。

然而与此形成鲜明对比的是，就在这家外省人所住的南街，笔者每次去调研时都会遇到很多好奇而热心的本村人，即使隔老远都会凑近来聊很久，打探笔者的来历、闲话家常。一旦弄清楚笔者的调研意图，他们一般都会热情地当向导，带笔者到处去找人。从两种态度的对比可以看出这位开家具城的外省人，虽然在J村社区住了很久，然而仍有明显的不安全感。

2. 遇到事情找谁商量

在笔者访问到的外来人中，居住时间最长的是一家本乡外村人。他们在J村有亲戚，开粮油坊已经17年。这一家人祖孙三代都生活在J村，1998年就在J村买了宅基房，房子在村委会正对面，与村干部和街坊邻居都非常熟悉。当被问及"家里要是出了什么事情，找谁商量"时？夫妻俩异口同声地说："大姐。"原来他们家有一位德高望重的大姐住在Y乡主街上。家里要是做生意差钱了,要是有人生病了,或者是遇到投资、嫁娶等大事情了,他们一般都会跑到 Y 乡跟大姐商量。即使每天下午,他们家儿媳妇都会带着年幼的小孩去对面"大队部"门口晒太阳(村委会院门口有一块平整的水泥场地,附近的人都爱搬着凳子去晒太阳、聊天),与几位同晒太阳的 J 村老太太及一家开药店的外省人相处融洽,言谈甚欢。然而,他们似乎从未去过大门里面的村委会。

3. 回老家搬亲戚

比遇事回 Y 乡找亲戚更进一步的,是外省人"回老家搬亲戚"。当笔者问外省籍人"当你家里出了不好解决的事情,你会去哪里搬救兵时",几乎所有受访的外省籍居民都会回答:"一般没有什么大事,小事情就拜托邻居,如果真有大事,会去老家请亲戚帮忙。"这些被访的河南人,多半已经在 J 村买了房子,做生意超过 10 年。他们偶尔回老家参加家族议事或村委会选举。为了不脱离与原村的联系,他们每年过年都会回去,向所有的亲戚拜一遍年,联络感情。

当笔者问及他们和 J 村十字街上邻居的感情时,他们都表示跟邻居感情很好。再问及"既然工作生活都在 J 村,为什么还要回去联系老家亲戚"时,他们则会叹气,觉得回老家很麻烦,却从不敢放松与老家的联系,因为有土地在那里,并且万一出了什么大事,还是需要请亲戚来帮忙。至于会出"什么样的大事",他们也说不上来。

三 小结

滕尼斯提出,社区或共同体形成之初就是一种个人缺乏独立性和理性选择而靠传统形成的封闭的群体;共同体认同和归属的边界决定了共同体自身的封闭性,社区或共同体具有明显的群体边界、利益边界、责任边界及归属边界;而社会则是具有独立性和理性选择的个人依靠契约而形成的开放的群体。在此,社会的开放性及社区的封闭性事实上成为社会与社区的重要分野。① 显然中国乡村社区在传统时代基于世世代代的血缘、地缘联系,呈现典型的共同体特征,集体化时代对于社区边界的固定强化了这种封闭性。改革之前,乡村社区共同体是一个社区成员相互熟识、相互依赖、有强烈归属感的同质化"熟人社会"。然而改革开放以来,随着社会经济发展,乡村社会及社区都将变得更加开放,传统同质性和封闭性的社区或共同体不可避免地出现分化和异质化。

对于这种分化和异质化趋势,以折晓叶、陈婴婴等为代表的学者通过对"超级村庄"的研究发现,中国农村的非农化过程使此类"流入型"或称"倒挂型"村庄的边界变得多元,但村庄的社会边界却会在村籍制度下趋于自我封闭。② 李培林则持相反的观点,认为此类社区在开放社会的趋势下,经济边界、自然边界、行政边界、文化边界和乡土认同被动摇甚至瓦解,传统意义上的村落终结时代已经到来。③

从 J 村的调研来看,上述封闭与异质、分化在这个社区一同显现。四种身份来源不同的社区居民在"对十字街热爱""依赖社区"和"属不属于十字街""遇事回不回老家找亲戚"之间出现明显的区别、摇摆和纠结。J 村村域并不广袤,十字街更是只有大约 1 平方公里,社区内居民看似亲密无间,内心实则保持着

---

① 项继权:《中国农村社区及共同体的转型与重建》,《华中师范大学学报》(人文社会科学版) 2009 年第 3 期,第 2~8 页。
② 折晓叶、陈婴婴:《社区的实践——"超级村庄"的发展历程》,杭州:浙江人民出版社,2000,第 59 页。
③ 李培林:《村落的终结——羊城村的故事》,北京:商务印书馆,2004,第 35 页。

明确的界限。外村人即使是在十字街生活 17 年之久,每天去家对面的村委会门口晒太阳、聊天,也从不走进村委会院内。外省人即使是在十字街上买房安家十几年,仍然会在遇到大事时"回老家搬亲戚",会在每年春节抽出时间、回老家去拜访一年到头不见面的亲戚。以血缘、地缘关系为基础的生活交往圈子和村籍制度,在保护村民利益及强化村庄整体利益等方面有着积极的作用,但在"村里人"和"村外人"之间造成了难以逾越的鸿沟。对于本村人来讲,家和社区的概念是英国学者齐格蒙特·鲍曼描绘的共同体:"是一个'温馨'的地方,一个温暖而又舒适的场所。它就像是一个家(roof),在它的下面,可以遮风避雨。""在共同体中,我们能够互相依靠对方。如果我们跌倒了,其他人会帮助我们重新站立起来。"① 然而对于"非本村"的居民来讲,无论在此住了多久,即使已经与友邻亲密且依赖,那种对于共同体的归属感却始终难寻。

比起血缘、地缘或传统等"自然"因素,齐格蒙特·鲍曼更看重共同体对于个人的责任、保护及个人对于安全的需求和不确定性的恐惧。在他看来,共同体之所以存在,是因为它给茫然无助的人们提供了一种安全保障或"确定性",让人们得以相互依赖。然而也因此,当共同体遭遇流动、开放、现代化社会的冲击而面临解体时,鲍曼悲观地认为其将无法重建,只不过是"一个失去了而又无法找回的'天堂'"。滕尼斯虽然强调血缘、地缘和传统因素对共同体的塑造,但面对现代社会关系对乡村共同体内部传统的瓦解和取代,仍保持了乐观态度:"这些社会体和共同体在那种原初的同属状态中保持了它们共同的根基。""即使这种原初的共同存在、共同生活以及共同工作的状态已被改变,它依然保留并能更新其精神的形式、政治的形式以及其合

---

① 齐格蒙特·鲍曼:《共同体》,欧阳景根译,南京:江苏人民出版社,2007,第 2~5 页。

作的功能。"①　面对社会的进一步流动、开放,乡村社区和共同体是会像鲍曼所预言的那样走向解体、无法重建,还是会如滕尼斯所认为的,共同体的生活方式、价值观念以及人际关系中的精华部分,还将持久存在?这恐怕需要继续深入到社区治理的现实和机制中去探究。

---

①　斐迪南·滕尼斯:《共同体与社会》,载冯钢编选《社会学基础文献选读》,杭州:浙江大学出版社,2008,第188页。

第5章 "谁管我":分化社区中的权利失衡

引子 居民的不同权利

笔者在J村调研的时候,有一次遇到村委会全体出动,前往一个困难家庭探望村民。那家里有人生了重病,村委会代表村集体去探望,带去一些急需物品,安慰他们不要担心,让他们有事及时跟村委会反映。与这家人相比,十字街上另一户原国营单位职工家庭遇到了几乎同样的困难,却遭受了不同待遇。那家男主人原来在棉花站上班,女主人原来在供销社,两人双双下岗后,开商店做生意,两个孩子都在外地读书,家里开销非常大。男主人后来生了病,可是由于历史遗留问题没有医保,无钱治病。女主人一边照顾丈夫一边做生意,日子过得非常困难,又没地方求助,只好多次向村里反映,希望帮忙解决医保,村里却没有回应过。针对两个家庭不同的遭遇,笔者询问了村书记,书记说:"我们管不了她。她不是我们村里的人。"笔者再问:"她一家人已经在这里生活了十几年了。"书记说:"十几年也不是我们的人。不属于我们J村的村民,他就不能享受我们村民的待遇。"

随着农村及国家改革不断深入,尤其是随着经济发展和社会流动加快、农村社区多种所有制的发展,社区的地权关系、居民关系日益多元和复杂,传统乡村社区与集体的封闭性已经被打破。然而现行村民委员会制度仍是建立在村集体土地产权基础上的政经不分、组织封闭的体制，村集体的产权边界决定了村委会及村庄社区的人员边界、权力边界、管理边界和服务边界，由此造成村庄社区管理和服务的封闭性，各种权力和利益都将外来居民排斥在外。大量在乡村易地流动的人口面临如何在工作生活的社区安家落户、融入社区的难题。不是 J 村村民，便没有资格享受村民的各项权利。乡村社区对外来人口与本土村民的这种区隔，不仅造成村庄社区对外来人口的管理真空，也造成外来人口与本地村民的冲突与分裂。在 J 村的日子里，笔者对这种社区居民"内外"不平等造成的权利困境的感受十分深刻。

一　权利的分化和混乱

（一）修路之难

由于新农村建设，村里实现了"组组通"，不在十字街线路上的三组、五组、六组都新修了水泥路，村民生活越来越便利。处于十字街延长线上、远离十字街核心的四组，也在市里包村干部协调下，争取到 100 万元市财政投入，加上村民集资，翻修了新的水泥路。这几组远离十字街的村民对新修的公路评价很好。然而身处十字街商业核心地带的一组、二组村民及其他居民，对十字街路况则多有抱怨。尤其是南北街处于矿山至 L 市必经之路，往来车辆一般都是载重型车，路面极易被压坏。笔者看到南街水泥路面已经有多处被压坏，坑坑洼洼现象十分严重，因此南街居民抱怨较多（见图 5-1）。

修路背后，还有更复杂的故事。在 J 村跟村民开座谈会的时候，村支书介绍村里集资修了新公路，笔者问道："外地人也能

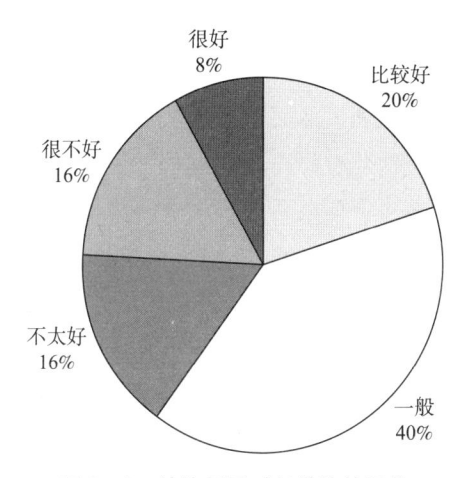

饼图数据：
- 很好 8%
- 比较好 20%
- 一般 40%
- 不太好 16%
- 很不好 16%

图 5-1　被访居民对村道路的评价

享受新公路的好处，他们参与集资了吗?"村支书说："外地人不出钱，按道理他们住在路边，也应该出钱，但是村里从来没向他们要过钱。"村民则大多表示："路是村里的，应该村里人出钱，外地人只是来做生意，不能叫人家出钱。"于是，就如同笔者所看到的，村里通过包村干部向市里争取到了100万元支持，四组的成年村民按照人头每人交了60元，已经在外面读书或者当兵的村民也交了钱，四组的水泥公路很快就修好了。由于四组位于J村与邻省的边界线上，站在四组的公路上，可以看到J村公路崭新，紧邻的外省公路则破败不堪，界线分明。四组的村民对新水泥路赞不绝口，非常自豪。然而四组的情况是J村7个自然村中比较特殊的：其处在十字街延长线上，远离十字街，没有外村人居住，自然村域聚居的全是本村村民，大家对于修路的意愿和行动力都比较一致。

同样的情况，在十字街南街就难以达成一致意见。南街居民比较复杂，外省籍定居商户、本省外村人以及学校老师（"吃财政饭的"）占绝大多数。如果按照"修路不找外村人集资"的原则，人数占少数的本村人就要承担全部集资费用——可是修好的路却是大家一起用——于是，占少数的南街本村人不甘心掏这个钱。笔者看到南街道路是J村各个自然村以及十字街四条街上最差的,路面已经被载重型卡车压得坑坑洼洼,凹陷处蓄积尘土,车辆一过便尘土飞扬。生活在这里的外来居民经济条件都比较好,修路意愿非常强烈。然而南街本村居民比较少,从未有修路的提议,外来居民即使有修路意愿也根本不去反映。笔者去调研的时候,南街几乎每家外来户都请求笔者帮忙"把修路这个事情反映到上面",他们觉得靠自己在当地提议修路的希望很是渺茫。笔者问他们有没有直接去跟村委会反映,他们说"没有"。再问他们如果修路的话愿不愿意集资,他们表示"只要修路,在我们自家门口的路嘛,我们自然会平等掏钱。"

北街的路面比较新,然而北街居民心中也有隐忧。笔者在北街碰到的一位外来居民(非本村村民)就表达过忧虑:"这路是矿山到市里的必经之路,拉石灰石的车每天经过,容易把路基压坏,以现在的(公路)质量,一条新路用不到几年就坏了,所以没几年就需要修整。谁来管呢?政府不可能年年拨款给你修这条路。所以就算今年修了这路,过几年咋办?这是个长久问题。"然而,这些问题他们虽然跟笔者抱怨,却从没有去跟J村村委会反映过。本村村民的普遍表态也仍然是:"我们村的路,不应该找他们(非本村户籍人员)要钱。"当笔者把南街居民的修路意愿带给村支书时,他并不知该怎么办,一脸为难,良久不语。

在乡村成员不流动的背景下,村庄社区管理和服务具有封闭性,仅为村民提供水利、耕作、治安、防卫、民政、福利、祭祀以及娱乐等支持和保障,由此获得村民的认同和信任;集体化时代,社员的生产、生活以及教育、医疗、卫生和安全等也完全依赖集体组织,由此形成了对于集体的服从与认同。而在类似于J村这样有大量外来居民流入的情况下,公共事务的管理难度便大大增加。现行制度下,村庄社区通常不把外来人口作为正式的社区成员来接纳,各项管理和服务制度及"一事一议"的公共事务参与制度只允许本村村民参加。社区缺乏使外来人口参与正常社会生活的组织安排,外来居民无法参与村庄社区的公共事务,难以与本村村民协同解决其生活中遭遇到的困难和难题。

(二) 停水风波

笔者在 J 村调研的时候，正赶上它大面积停水数天。由于 J 村土地是石灰质岩，地下水碱性太大不能食用，停水之后，没水的人家只好天天到有水的四邻去提水。可是一下停了这么久，大家忍受不了，纷纷开始抱怨。笔者起初也觉得很奇怪，因为 J 村曾是 J 镇的中心，公共设施非常完备，而且从技术上讲，解决停水问题并不是什么难事。果然，经过探访，笔者发现停水并不是技术原因，而是源于一个小纠纷。

从 20 世纪 90 年代开始，各地准公共产品向私人开放，乡村地区的自来水设备多走市场程序，由私企承接安装。L 市退休老干部组织了一个"老区促进会"，帮助 J 村引进了一家私营自来水设备安装公司，这家公司垄断了 J 村及周边地区的自来水设备安装。可是该公司要价不断增多，引起附近居民不满。据 J 村村民介绍，这家公司在农户家安装一套自来水设备，几年之内涨价四次，从 400 元涨至 800 元，又涨至 1500 元，笔者访谈时已经到了 2000 元，而同样的设备在别的乡镇只要 1500 元，甚至还有 800 元的。随意提价，加上比其他乡镇贵，村民对该自来水设备安装公司非常不满。J 村地下水不能吃，只能安装自来水管，将汉江水通过附近的引丹大渠引过来，所以即使居民普遍不满，还是不得不依赖自来水设备安装公司，"自来水（设备安装）公司有市里的靠山，而我们又不得不装"。村民虽然有过几次小规模抗议，但没有什么收效。据村支书介绍，本村村民的自来水管都已经安装好了，剩下需要安装自来水设备的多是新来户、外来户，他们更不敢抱怨价格。

这一次的停水风波即是源于以上矛盾，导火索则是自来水设备安装公司给新外来户安装水管时出现了地下水管破裂，而破裂的地点在一户本村村民房屋下，自来水设备安装公司需要掘开该村村民的房前空地，挖出破裂的自来水管进行更换，村民乘机要求自来水设备安装公司降价，否则就不允许挖地。自来水设备安装公司表示无法降价。双方僵持在那里，相互不肯让步，停水问题一直解决不了。

由于本村村民安装自来水管的时间都比较早，受到停水风波影响的大多是外来商户。尽管这些外来商户有很多在当地经济条件较好，还有像外村书记这样的乡村精英，但是他们却没有人去跟自来水设备安装公司谈判协商，只能以私人关系请求J村村委会出面帮忙协调解决。J村十字街上也没有商会，商户的整体利益已经休戚相关，却没有正常的诉求表达机制，或者说即使有，他们也不使用，于是商户彼此紧邻却各自分散，面对殃及自己的停水纠纷束手无策。

尽管目前乡村的法治秩序已经开始形成，当发生商业纠纷时，依法已经可以得到解决。但由于外来人口的流动性和各自归属原籍的农民身份，他们很难通过居住地的组织来维护合法权利。在现有制度下，外来人口虽然长期生活在流入地，却不能享受到当地村民一样的村治权利，也就不能通过参与公共事务来维护和扩展自身权益。在这种状况下，无论居住多久，外来人员都难以消除对社区的疏离感和排斥感。

二 权利诉求困境

（一）村内的抱怨

由于村庄发展太快，J村十字街两旁基本没有长成的绿植，随着来往车辆频繁通过，十字街上常常灰尘满天。上午集市一忙过，下午男人们就聚在一起打牌或者去茶馆。在乡村，女人打牌还较少见，一到下午，她们多坐在屋外，无所事事地聊天（笔者调研时，手机智能化程度还不高，上网大多通过电脑）。笔者在一个照相馆打印东西的时候,发现店里只有年轻的儿媳妇,她抱怨说无聊得快要发疯了,看到老公每天出去玩,就气不打一处来。每天下午四五点放学后及每个周末,十字街满大街都是乱跑的小孩儿,笔者看得心惊肉跳:因为 J 村没有专门的休闲广场,孩子们在几条大街中间的公路穿梭,而来来往往全是车辆,十分危险。有一天笔者甚至还看见一个不到 1.2 米的小孩,在公路上骑着一辆农用三轮车玩,上面载了 5 个同样大的小孩。急速发展带来欣欣向荣的同时,也导致了更多需求和矛盾。十字街上居民不断抱怨,觉得需要改善的方面越来越多,有些已经迫在眉睫。

1. 灰尘满天无人理

走在 J 村十字街上,除了店铺林立的热闹以外,另外一个最直观的感受就是灰尘满天。处于交通要道的 J 村,在上午的运输繁忙时段,几乎每分钟都有大卡车经过,即使是下午三四点(白天车辆较少的时段),笔者统计到十分钟之内通过的车辆仍达 26 辆之多。通过的车辆里,有相当一部分是拉重达上吨的物资(比如石灰石)的大型车,而十字街公路两旁虽然每隔 5 米就有一棵树,生长年限却都不长,都是光杆稀落的小树,因此每当大型车一开过,街上即刻就灰尘满天、声音隆隆。年长者为繁荣带来的富裕而欣慰,年轻人则多抱怨"灰尘满天,十字街已经变得不宜居"。笔者在四类居民中各选取居民代表 25 人,用问卷(见附录 A 卷)和访谈的形式调查了居民对 J 村十字街的环境满意度。

首先是居民对村庄绿化环境的满意度。问卷调查以十字街居民为主,笔者也访谈了少部分远离十字街的其他村民小组的居民。访谈过程中,笔者发现十字街居民一般都会选择"不满意"或者"非常不满意",而远离十字街的传统聚落村民,则一般都选择"满意"。对绿化的不满意程度,代表居民对改善居住环境的迫切诉求,从图 5-2 可以看出,选择"不满意"和"非常不满意"的占了 68%。

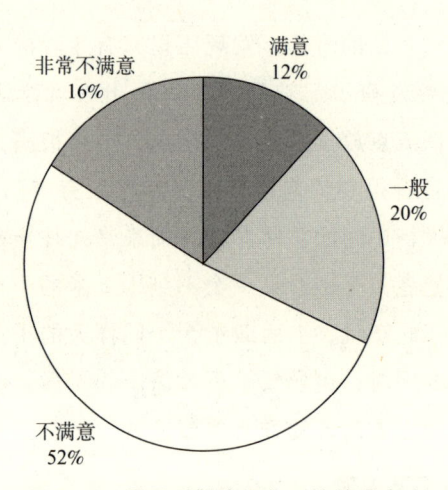

图 5-2　居民对村庄绿化环境的满意度

其次是居民对村庄社区卫生环境的满意度。村里对改善卫生环境已经做出一些努力，如道路两旁新栽种了绿化树苗，每隔一段距离也设置了用水泥修砌的 4~5 平方米的垃圾站，垃圾每天固定时间被运走。然而垃圾站周围情况大多比较糟糕，很多垃圾被随意丢在站外。从图 5-3 可以看到，居民对于村庄卫生环境"非常不满意"、"不满意"及"一般"的评价仍占 84%，可见居民对卫生环境改善抱有强烈诉求。

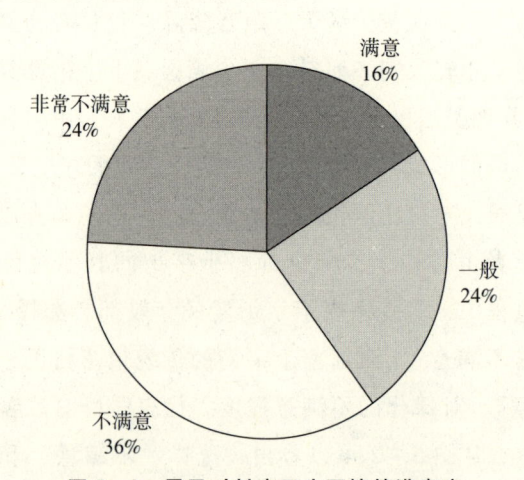

图 5-3　居民对村庄卫生环境的满意度

最后是居民对村庄治安环境的满意度。除一些对环境的抱怨以外,十字街居民之间的生活以和乐为主,鲜少有吵架和打架的情况。当地居民认为这与经济迅速发展有关,近十几年 J 村经济发展迅速,相应地,十字街犯罪率也很低,很少有盗窃和抢掠等。J 村居民与相邻的外省村庄来往密切,居民之间关系也比较好。如图 5-4 所示,J 村居民普遍对当地治安评价较高,然而有的居民也称,邻近过年的时候也会有丢失摩托车的现象。因为经济边界的扩大,往来 J 村买卖的人多且杂,因此有一些居民也担心本地治安状况。

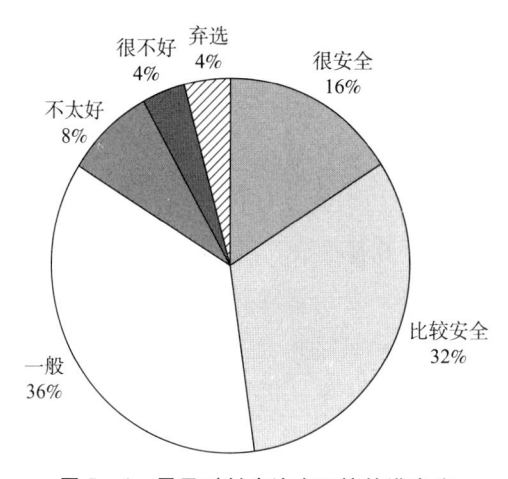

图 5-4 居民对村庄治安环境的满意度

2. 公共设施缺乏下的无聊

除了环境以外,在 J 村听到的最多的抱怨是生活娱乐设施缺乏。随着 J 村商业逐步兴盛和发展,尤其 2008 年金融危机以后外出打工受影响,近几年回村以及到十字街做生意的年轻人明显增多。男性中老年人休闲时,多在茶馆打麻将或者在店门口打扑克;年轻人以及大部分女性,则几乎没有休闲去处,多围在一起聊天;年幼的孩子们满大街乱跑。

十字街的每条街上均有茶馆或是麻将馆(茶馆和麻将馆的主

营业务都是一样的,都以打麻将为主),加起来共有六七个,人进去落座必须喝茶,每杯茶1元,打麻将的每人再交2元。中午可以不走,店里提供午饭,一般是大个儿饺子,5元一碗。一个早晨,笔者去了东街一个茶馆,虽然才上午10点多,前屋和院子里已经坐满6张桌子,全是老人在玩纸麻将(麻将的一种)。村委会副主任告诉笔者:"这还是上午呢,都是没有事做的老头儿们玩,下午的话,大概会摆到十几桌,满满当当的。内屋还有,都是打麻将的。"笔者随着他的指引才发现,大屋旁边有扇小门连着隔壁的房间,稍隐蔽些,推开看有六张麻将桌,已经坐满,男女都有。除此以外,J村再没有其他公众娱乐场所。每天下午,集市结束生意不忙时,留守看店等待零星顾客的人们就凑在一起,一边看店一边打扑克,街边几乎每隔几步就能够看见一桌。茶馆里打麻将和街边打牌的一般都会"带水"(当地方言,意即"赌钱"),但赌的不是很大,主要以娱乐为主,且不特别计较输赢,账目也不会算得很清。

　　为深入了解居民的业余活动种类和范围,笔者通过80人的问卷做了调查(见附录问卷B)。从图5-5可以看出,位列业余活动第一的是看电视和打牌,其次是逛街,然后依次是看店、上网、聊天、看小孩,还有唱歌、做手工、干家务、种地、打工、打羽毛球、练瑜伽、慢跑、打篮球、散步等。业余活动的种类与城市相比差不多,但访谈后笔者发现,与真正的城市生活相比,J村业余生活还是受到了许多限制。如图5-6所示,居民们业余活动的地点以J村十字街和家里为主,然而每到夜幕降临,街上便漆黑一片,没了行人。笔者去的时候,正逢农历年底,市里电量吃紧,因而乡村晚上常常停电,一停电便不能看电视,家里也无法一起活动,只好选择睡觉。白天主要是打牌,而打牌必然"带水"的习惯,成为赌博之风盛行的隐忧。那些白天不愿意加入打牌队伍的年轻人,当晚上因停电无法看电视或上网的时候就变得难以忍受。笔者在村里的时候,听到年轻人言谈之中最多的抱怨便是"无聊"。"在外头打工时大城市还是娱乐活动多一些，回来没有任何可以活动的地方，业余所能做的，除了聊天就是睡觉，这样的日子待不了几天，受不了。"

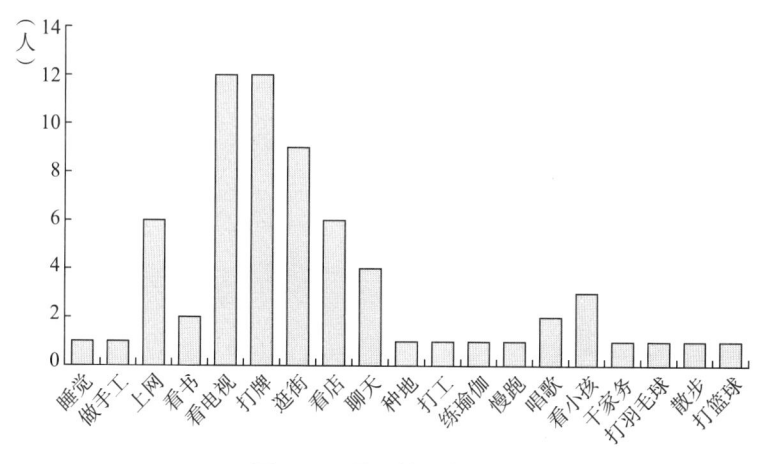

图5-5 居民的业余爱好

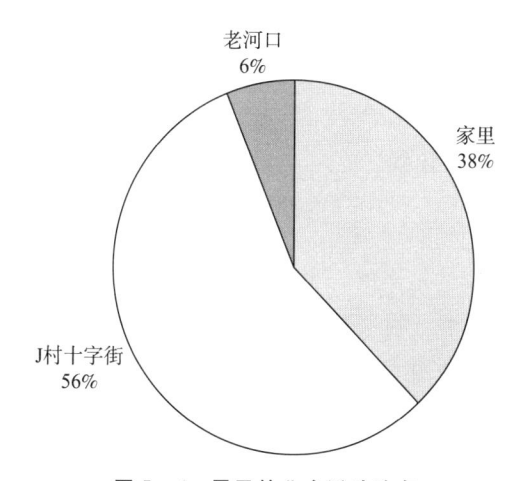

图5-6 居民的业余活动地点

3. 公共产品的需求意愿

笔者在B卷中还列出一些可供选择的公共产品以及商业和服务产品，用开放式的问题来调查大家的意愿，结果较为充足的"医院""商店"等公共产品被完全弃选，大家选择最多的是

"活动中心",其次是"广场公园",然后是"工厂""技术学校""公司""警务部门"等。此外还有居民自填了"图书馆""理发""公厕"等三项(见图5-7)。80人并不能完全表达J村居民的需求,但能够在一定程度上反映居民期望改善社区公共设施和公共产品的意愿。

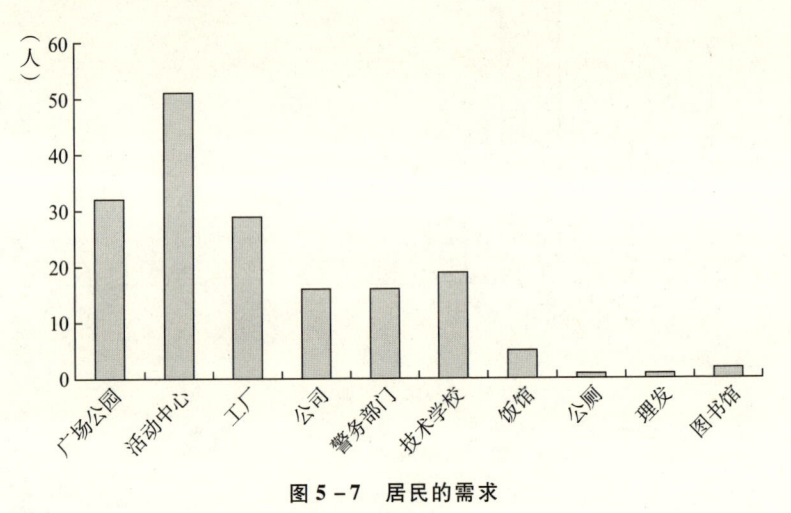

图 5-7 居民的需求

(二)"谁来管我"

第一次听到"谁来管我",是笔者在访谈一位原供销社职工时候。这是她说的最多的一个短句。这位大姐因供销社破产和丈夫一起下岗了,在J村原单位的地址做生意,两个孩子在外面念大学。丈夫身体不好,家里就依靠一个五金门面,户口不在J村(非农业户口)。访谈的时候,她一直在诉苦:"我丈夫的养老金现在还没有领上,谁来管?找村委会?又不是人家村里的人,人家怎么会管你?我儿子以后娶了媳妇,万一媳妇是农业户口,那么生了孩子户口落在哪里都不知道(对落户政策不了解)。我是Y乡人,早都是商品粮户口出来了,所以又没有地,我们老俩住在J村二十年了,到现在还是不敢经事儿('经事儿'意思是'遇到什么事'),万一生意不好或者干不动了,谁来管你!"

第5章 "谁管我":分化社区中的权利失衡

"谁来管我"的相似言论,笔者在 J 村听到无数次。发下去的问卷中有一些主观题,调查 J 村人对现在生活状态的评价和期望的定居环境。没想到,问卷变成了"倾诉桶"。人们踊跃在上面列举目前的环境问题,包括"吃水难、老是停水""环境问题""希望城市化""请把学校路那块儿的下水沟修好"等。尤其是"停水""环境""下水沟"三项诉求,有人填写问卷以后,还专门把这些诉求在问卷第一页写一遍,提醒笔者看到。笔者以为这是村里目前的普遍问题,就去问村支书,结果村支书说很少有人去找他反映这些问题。

于是在问卷 A 中,笔者就针对村内居民的表达诉求困境做了一个调查。调查的结果如下:大部分被访居民能够认全村委会全部成员,20% 的被访居民完全不认识村委会成员(见图 5-8)。被访居民对于村内党员的认识率比较低,选择"都不认识"和"大部分不认识"的占 68%(见图 5-9)。然而,认为本村最有影响力和号召力的人是"村支书"的超过一半,仅次于"村支书"的是"最有钱的人"(见图 5-10)。

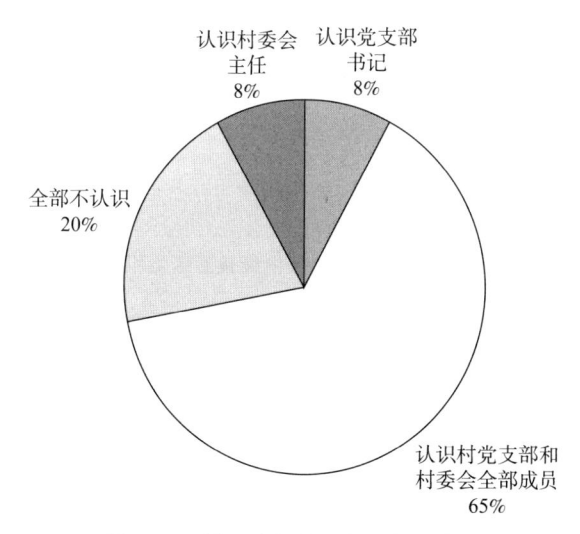

图 5-8　居民认识本村村干部的情况

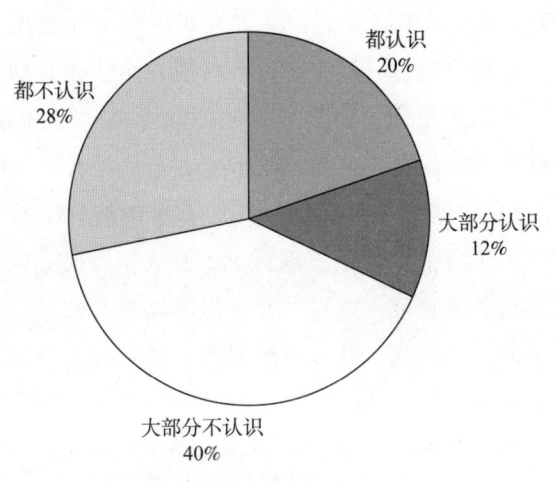

图 5-9 居民认识本村党员的情况

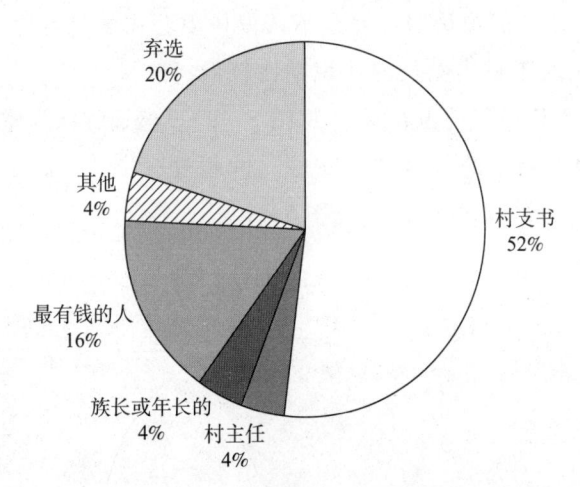

图 5-10 居民认为的在村民中最有影响力和号召力的人

一方面，居民有很多公共性的事务和需求需要反映，超过一半的人认为村里最有威信的人是村支书，多数居民也都认识村支书，而且觉得到村委会办事尚算方便。另一方面，由于外来居民认为自己"不是本村籍，没有资格参与村里的事"，村支书直接从居民处收到的请求和反馈信息其实很少。笔者在社区看到的是，居民有公共表达的意愿但对表达渠道和机制不了解，对公共事务参与度不高。

从全国范围来看，村民资格几乎都绑定在土地和户口上，只有拥有当地土地和户口，才能在村里行使《村民委员会组织法》等规定的自治权利，参与村庄正常的公共生活，享受保护和权利申诉。村民自治仅仅是拥有本村集体产权的"村民"的自治，只有拥有土地产权的"村民"才能参与村级民主选举、民主决策和民主管理，也只有本村村民才能享受村社区福利，承担相应义务。因而，在 J 村这样的流入村（也有学者称为"人口倒挂村"），外来人口处于边缘状态，根本无权对村内事务"说三道四"，"这些寄居于社区边缘上的人物并不能说已插入了这村落的社群中，因为他们常常得不到一个普通公民的权利，他们不被视作自己人"。[①]

三 小结

村籍制度是单个村庄进行自我保护和加强利益控制的一种制度，也是巩固地缘关系的制度化形式。作为一种社区身份，它仍以户籍为基础。村籍制度的核心是控制外来人口流入和防止村庄利益外流。不仅如此，这套制度实际上已经演变成一种与工资、福利、就业、教育等相关联的综合制度体系，拥有村籍，就具有了优先选择职业，享受村民福利、补贴或集体分配，以及在村内批地建房办厂、入股投资分红等权利。另外，村民也必须与村庄共担经济风险，遵守村规民约，承担村民应尽的各种义务，如合作互助，辅助病残，尊老爱幼等。因此，村籍制度控制下的村庄利益分配带有强烈的排他性。[②]

---

① 费孝通：《乡土中国 生育制度》，北京：北京大学出版社，1998，第72页。
② 折晓叶：《村庄边界的多元化——经济边界开放与社会边界封闭的冲突与共生》，《中国社会科学》1996年第3期，第66~78页。

随着外来人口增多，J村成为一个本地人和外地人共居一地的新社区，开放的社会边界与建立在传统"村籍"基础上的自治组织和制度边界形成了一种张力：一方面，传统联结纽带瓦解，村落作为共同体的整合功能受到挑战；另一方面，现代社会意义上的地方性共同体的社会基础形成。哈贝马斯认为，人们通过在公共空间里交流私人经验和对公共事务交换观点，来相互印证自己的真实性和存在感。同时，公共空间中的交往塑造了新型的公共空间。① 因而，如J村这样本地人和外地人在村内持续、动态的社会交往，有助于"村"和"社"两个不同场域的互相重叠与彼此渗透，有利于消解同一地域内的不同群体的身份边界，形成新的生活共同体。②

然而从J村分化社区中权利失衡的现实可以看到，由于无法表达权力和利益诉求，J村外来人口与村庄公共事务及村庄社区治理之间呈现高度疏离，外来人口身在社区，却游离其外。一方面，外来人口作为进入村庄的一员应该是村治的对象；另一方面，随着外来人口增多，其对村治的影响变得日益重要。而村治权威和村治权能，即对村庄权力及其执掌者的认同、尊重和服从的程度，以及运用村治规则管理村庄的能力，是建立在村治对象认同基础上的。也就是说，村治权能的实现有赖于治理对象的支持与配合，然而这个前提又需要村治规则成为绝大多数治理对象利益的聚合和表达。因而J村外来人口与村治的疏离，已经使村治权威和村治权能降低，大量社区公共事务无法迅速得到回应和解决，村治出现失序。

开放的社会边界与排他性的自治组织和制度边界之间的张力，使新的生活共同体的真正形成，仍需要解决两大现实阻碍：

---

① 哈贝马斯：《公共领域的结构转型》，曹卫东、王晓珏、刘北城、宋伟杰译，上海：学林出版社，1999，第186页。
② 郎晓波：《"人口倒挂"混居村的自治组织边界重建》，《西北农林科技大学学报》（社会科学版）2016年第5期，第43~48页。

一是如何让长期居住于村庄社区内的外来人在社区公共事务中拥有话语权，使所有涉及共同居住区域内的公共事务的处理，如 J 村的"修路""修水管""环境卫生"等，本村人和外来人都能够建立起共同协商或多元参与机制，使社区成为所有居民共同参与构建的"生活共同体"；二是如何打破村籍、土地等制度约束，重构新型组织边界，使外来人口成为村治对象、进入村治范围，进而发挥社区及共同体的整合作用，既保持作为村落共同体的团结纽带，又通过不断扩大的经济、社会、组织边界发展出能够链接外部社会的"社会结合体"。①

---

① 韦伯：《经济行动与社会团体》，康乐、简惠美译，桂林：广西师范大学出版社，2004，第 234 页。

第6章 "管不了"：治理缺失的制度根源

引子 市、乡、村"干部"的一天

笔者调研期间，曾跟踪观察了包村干部 L 市委组织部刘部长的日常工作。刘部长生活作息很规律，每天早晨 4 点起来看书，晚上很少有活动，一般都早早休息，因此村民评价他知识丰富，精力充沛。作为包乡（Y 乡）包村（J 村）的市一级领导，其政绩和效率显著：在他协助下，J 村通过市里专项支持和村内筹款修整了一条路，又修建了新的"商贸大市场"：将原来在十字街心马路中央散聚的乡村集市，变成了有固定场所的大市场，既扩大了经营范围，又使 J 村整个社区环境得到改善。经济发展是刘部长一切工作的核心关注点，修路、建市场等都是为了拓展 J 村的经济发展空间。因此，他经常到周边各市的乡镇市场考察，研究它们的发展模式和思路。

相对来说，乡镇干部主要负责基层工作落实。笔者曾记录了 J 村所属 Y 乡政府某一天的主要工作：一大早，Y 乡各个行政村的村支书都来参加"落实党风廉政建设责任制工作考核大会"，也即乡镇主要干部的年终廉政述职报告会。报告会从上午 9 点开始，进行了将近两个小时。报告会结束后，各村支书又开会讨论各项具体工作任务的年终清查和落实。中午饭很晚才开，村支书们各自回去，只有乡政府工作人员在食堂吃饭。乡党委书记午饭前简单接待了L市广播局的技术人员和领导，他们来测量Y乡电视台的转播和信号接收情况。午饭时，Y乡文化站的王站长与书记一边吃饭，一边商讨文化站的资金困难和社区文化开展事宜，书记反复衡量后拍了板，在预算内找到一笔经费来支持文化站一个民间戏班子的硬件配置，并要求文化站抓紧排练，在春节的时候就把戏送到各村。下午Y乡党委书记和乡长都坐车出去了，书记与上级打交道的工作比较多，到市里开会，乡长对下负责基层工作，因此跑村检查落实工作去了。乡里其他工作人员各忙各的，有的房间很晚仍然亮着灯。

税费改革后，村级财政靠上级转移支付，村干部工资纳入财政发放，他们的工作一下子变得相对简单。村委会办公楼（村民称作"大队部"）比较新，两层小楼加一个小院，是新农村建设开展之后依靠上级拨款翻修的。大队部里部门齐全，有治安、社区服务等若干办公室，然而大门常常紧闭，很少有人出入。临近年底，村委会大门基本一直开着，主要是接待市级部门下来检查工作，如市文化局下来检查新农村建设的图书室建设工作等（各类"迎检"工作不少）。检查人员走后，村委会主要干部（包括村支书、村主任、村会计）会借机一起探讨一下村里紧迫的工作任务。下午一般没有检查，村支书忙着去商贸大市场商量商贸中心党委组建的相关事情，主任和副主任有时坐班，有时陪笔者走村调研。晚上村主任夫妻需要住在大队部里值班。

市、乡镇、村这三个层面的工作，都没有能够回应十字街生活圈里的权利困境和诉求，J村社区一方面是经济欣欣向荣，另一方面是灰尘漫天的村容环境中潜藏着某些纷乱和无序。

一 "管":公共产品与公共服务的有限提供

(一)社区建设:村委会、茶馆、图书室和养老院等

J村并不是新农村建设试点村,不过面对村庄秩序改变下的村居生活需求,上级政府和村委会也做出了积极应对,进行了卓有成效的社区建设。

首先是村委会的翻修和改建。村委会办公楼最初是1989年修建的,2006年开始改造,2008年完成。改造一共花费4.7万元,其中上级政府补助4.5万元,集体另外筹集了2000元。改造后的村委会办公楼建筑面积208平方米,是一栋2层小楼,前面附带有一个院子,院子外是大街,从大街上看不出后院村委会大楼的面貌。经过几年完善,村委会办公楼已经有了如下设施:支部办公室、档案室、党员活动室、治安调解室、会议室、农家书屋、计划生育服务办公室、商贸中心党委茶馆、值班室等。另外,小楼侧面还有一个厨房及一个临时餐室。村委会有坐班制度,规定每天必须至少有一人值班,因此厨房一般就供值班的村委会成员使用。

村委会里面的商贸中心党委茶馆,大概有30平方米,有几张象棋桌。茶馆所在房间原来是党员活动室,商贸中心党委成立后将它改造成了"商贸中心党委茶馆"。村支书介绍说,茶馆"并非只会为商贸中心党委党员服务,等以后完善了谁都可以来"。不过笔者调研时,没看到什么人来。只有上面来检查时,村委会班子才会在茶馆碰头。

办公楼2楼有一间图书室,叫"农家书屋",里面有上级政府支持的1万多册书,涵盖文、史、哲、农机、农技、养殖、畜牧、计划生育等,门类非常齐全。这个农家书屋也叫"村级文化

活动室",已经制定并张贴了借阅制度,包括"书屋每周向村民开放时间不少于 30 小时","办理'借阅卡',凭卡借阅","一次可借 2 本图书,借阅时间不超过 7 天"等。书屋外借图书登记簿,详细记录着借书人姓名、住址、书名及编号,并收存"借阅卡",另外,书籍的污损丢失赔偿、阅览室的安静卫生等都有规定。同时,还张贴了书屋管理规定(如"书屋由所在地村委会负责管理,并配置专职或兼职的管理人员"),并附带管理细则。值得注意的是,在管理规定里,写的是"(书屋)面向所在地农民开放","所在地农民"在 J 村其实是一个不太明晰的说法,到底仅包括本村村民,还是包括当地其他居民,范围并不清晰。

据笔者观察,书屋使用频率还不太高。笔者曾经在书屋所在的村委会大院门口,碰见一位 J 村六组来十字街买东西的养殖户村民,他反复请笔者下次来时一定帮他带几本养殖方面的书。笔者问他知不知道村委会的图书室,他说不知道。笔者跟他说,图书室书目整理好了以后会对村民开放的,他可以到这里借书。他却说:"我不去借,那怎么好借。还是你下次给我带几本吧,我现在特别需要这方面的书啊。"问他为什么不去村委会借,他说不出理由,只重复:"不好借……不方便啊……那院子我都不进去的。"看来本村人对村里有图书室并不太了解,等笔者再去访问非本村籍的居民时,发现他们甚至连村委会大院里到底有一些什么办公室都不清楚。

(二) 以经济发展的引导和支持为主要目标

除社区建设以外,乡镇政府和 J 村村委会最为关注的议题,仍然是当地经济发展,基层政府也对 J 村经济发展表现出积极的引导和支持。

1. 商贸大市场的修建

2007 年以前,J 村集市仍然是延续自民国以来的马路集市,来自附近十里八乡的摊贩集中在十字街中心道路两旁，摆摊卖农产品和杂货。集市不分单双日，每天都有，因此一般早晨六七点，周边农民就会往十字街赶，有开拖拉机的，有开小货车的，热热闹闹、人声鼎沸，持续到上午10点多才会冷清下来。随着周边矿山开发和经济发展，这样的路边集市问题越来越多。

首先是交通堵塞，每天上午也是四面八方各类大货车往返石灰矿山拉货最密集的时间段，而马路中间人声鼎沸的集市常常导致车堵人挤。其次是环境问题，由于集市主要卖农贸产品，各种蔬菜摊、禽肉摊挤在一起，每当集市结束，大街上便留下很多垃圾，气味难闻。再加上人与卡车抢路带来的安全隐患，集市机动车越来越多带来的环境污染隐患等，大大影响了居民生活。同时，十字街中心道路两旁场地有限，随着集市摊贩的增多而日益混乱拥挤，也制约了集市本身的进一步发展。于是由Y乡政府提出，并获得市里支持，2007年底开始在东街的南部辟出一块建设用地招商引资，开建了一个新的大型市场，于2009年10月1日建成开业。

鉴于J村位于两省边界，历史上贸易兴盛，市政府想大力发展贸易，将新开业的市场定名为"商贸大市场"。大市场占地面积12000平方米，实建为两层钢混结构的楼房，可同时交易服装、干杂、粮油、农资、饮食、日用品、农副产品及加工等上百个品种，共有273个店铺250个经营摊位。开业后，商户陆续装修入驻（平面如图6-1所示）。

每天早晨，商贸市场在大市场内的分类摊位开集。摊位是露天的，一共有四道，分为蔬菜类、鱼肉类、服装百货等。主体部分的商户有5道，每道临街一边有25~30个门面，每个门面都分为上下两层，楼下经营，楼上囤货居住，每间门面大约30平方米（按照一个门计算）。大市场还零散摆有地摊。大市场的东南边是一个在建的辣椒加工厂，叫辣椒公司，也是外村人在投资建设。

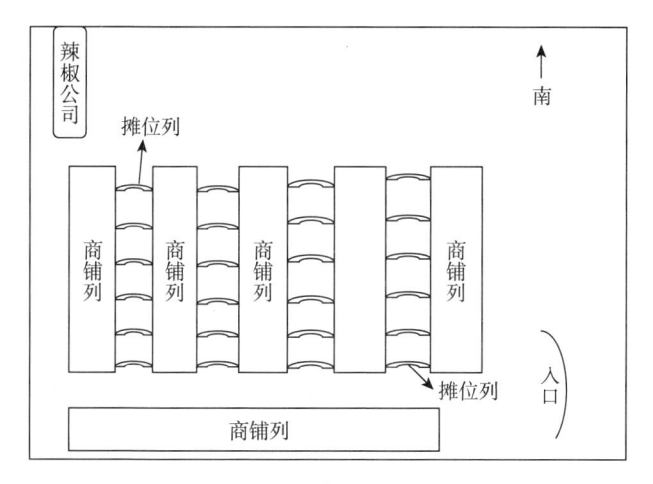

第6章 "管不了"：治理缺失的制度根源

图 6-1　J 村商贸大市场平面

大市场扩充了集市的发展场域，增加了摊位，规范了经营，增修的门面也能够吸引到更多店铺投资，据了解，现在已经售出的 20 多间门面房中，有一半都是邻省人过来投资的。同时，大市场的修建也解决了过去十字街每天早晨的拥堵和混乱，大大改善了环境。

2. 当地的商贸发展构想

当地修建商贸大市场，目的并不仅仅是改造农贸市场，提升市场的影响力、吸引外村以及外省人过来投资、扩大本地农产品交易平台等恐怕才是地方政府的核心目标。L 市委组织部刘部长是 Y 乡的包乡市领导，J 村十字街的巨大发展和环境改善是在他的关注和督促下进行的。他试图围绕发展经济，打破地域界线，构建一个以 J 村为核心的贸易中心，并推动整个 Y 乡经济发展。这些发展思路是一步步推进的。

首先是修建公路，即 J 村四组通向邻省的那条跨省公路。刘部长帮助 J 村争取到市里支持，而市里支持修建的用意，一是通过公共服务供给改善村民生活，二是通过改善公路状况，来改善投资环境，希望以诚意和良好的环境吸引到邻省的商户前来投资。

然后是跟相邻的邻省乡镇协商分类开展规模经营。与 J 村相邻的村庄（邻省境内），也是以丘陵和岗地为主，耕种作物原本大致相同，都是辣椒和南瓜等。然而过去几年由于种植过剩（附近几个村种植品种相近），经济效益不高，比如前几年 J 村盛产红尖椒，附近村庄跟风种植，结果供大于求，价格走低，农民损失惨重。因此，本地政府出面约商相邻的乡镇，约定开展分类规模经营，也即"如果你种辣椒，那么我就种南瓜"，平衡供需，两相获益。

规模经营的思路，同时扩展为扶植专业户。以辣椒为例，依托在 J 村投资的主要从事辣椒酱生产的辣椒公司，用市场指导农民种植。笔者采访了辣椒公司负责人，这位年轻的企业家也是一位爸爸，带着两个孩子，在路边跟笔者大谈辣椒。他是一位很朴实的种植和加工辣椒的行家，每年都要去全国各地考察辣椒市场。据他介绍，J 村一带的红尖椒，味道特别好，但是颜色不好，做出的辣椒酱不够鲜艳，而陕西的辣椒，不够辣可是颜色很好，因此把 J 村本地的辣椒和陕西的辣椒掺在一起，做出来的辣椒酱才色味皆好。

除辣椒以外，Y 乡 J 村一带还开展南瓜特色种植，据说经过市场拓展，过去少有人问津的南瓜已大批量销售到省内各大中城市及北京、郑州、太原等地，市场行情十分看好，价格不断攀升。政府计划以 Y 乡其他几个村为依托，扩大南瓜种植基地，重点培育种植大户，带动周边发展。而 J 村北面有三个同属于 Y 乡的村庄，山场面积大，草生长茂盛，每家每户都习惯散养牛羊（每头牛可卖上万元、每只羊可卖上千元）。结合牛羊肉日成交量攀升（J 村市场每日牛羊肉成交量在几十头甚至上百头）的情况，政府计划引导农民大规模养殖，增加经济效益。

J 村商贸大市场的建设正是基于以上产业的发展和布局。经济发展是改革开放以来各地政府最为关注的问题，L 市期望在集市基础上将 J 村发展成为一个辐射周边的跨越省际边界的大型商贸中心，给涉农产业和农贸产品买卖提供一个良好交易平台，给周边农民生活资料的采买提供一个现代化市场，并以 J 村的发展最终推动整个 Y 乡的经济发展。

经济的快速发展给 J 村社区带来了生产生活质量的实质性提高。然而，乡村内部主要是一种以聚居和生活为基础的生活型社区，除了经济目标以外，公共产品和公共服务的提供、社区有序治理、社区融合等，也是社区及共同体的基本诉求。经济发展带来的社区异质化、居民身份不平等、权利分化、公共产品和公共服务匮乏等问题，给 J 村发展带来新的挑战。随着市场化、城镇化进程的深入，政府、市场、原有村级组织、村民及外来人口等，都成为塑造新的村庄社区及共同体权力结构的力量，并对这种社区类型的治理规范、原则和方式提出了新要求。

二 "管不了"：当前的乡村治理困境

（一）"唱独角戏"的村委会

"乡政村治"下的乡、村两级组织，扮演着代理人与当家人的双重角色，承担着双重职责，一方面要落实自上而下的行政任务，另一方面要进行乡村公共事务的自我治理。然而全面取消农业税及乡村体制改革后，乡村两级组织的权力上收、治权弱化。制度性权力的上收，使乡镇政府的主要目标倾向于只完成自上而下的行政任务，乡、村两级干部奉行"不出事逻辑"[1]、无意愿或者无能力来提供村庄公共品和公共服务，甚至基层组织由于治理资源短缺、悬浮于社会之上形成"治理缺位"[2]，难以回应村庄社

---

[1] 贺雪峰、刘岳：《基层治理中的"不出事逻辑"》，《学术研究》2010 年第 6 期，第 32~37 页。
[2] 赵晓峰：《税改前后乡村治理性危机的演变逻辑——兼论乡村基层组织角色与行为的变异逻辑》，《天津行政学院学报》2009 年第 3 期，第 45~49 页。

区内大量的公共产品和公共服务诉求。如农村基层组织在实际工作中的职能主要包括以下五个方面：(1) 管理党员队伍；(2) 协助乡镇处理行政事务；(3) 为经济生产服务；(4) 兴办公共事业；(5) 维护社会治安。① 这些职能均不以回应社区诉求为主。随着村委会的社会控制和组织能力大大弱化，不再可能运用传统的经济或超经济的强制来控制农民的生产、生活及行为；农民的自立性和独立性以及集体资源的缺失和福利供给的减少，使农民已经不再完全依赖集体组织和村庄社区，农民的集体或社区认同不断弱化。J村也是如此，失去了与村委会经济联系的本村村民，不再愿意去村委会。

而土地的产权关系决定着村委会的人员边界及权力范围，村委会或农村社区依然是建立在集体产权基础上，保留着生产共同体或经济共同体的特征，村民自治仅仅是拥有村集体产权的"村民"的自治。基于土地集体所有及承包关系，农民归属于一定的"集体"，享有相应的权利。村委会组织及党支部组织也是在这种集体范围内组建起来的。集体的土地边界及产权边界也是村民、村庄及村组织的边界，具有强烈的封闭色彩。这种封闭性限制外来人员进入。

虽然《村民委员会组织法》规定，外来居民在本村居住一年以上，可以申请参加选举，但必须"经村民会议或者村民代表会议同意"。由于涉及分享集体经济的权力和利益，这种申请一般都遭到本地村民集体反对，以至于大量在一些村长期工作和生活的"外地人"，无法在工作的社区入籍、扎根。"外来人员"也无权参与村委会的选举及公共事务的管理，只有拥有土地产权的"村民"才可能参与村级民主选举、民主决策和民主管理，也只有本村村民才能享受社区福利，并承担相应义务。这种封闭型的

---

① 田珍、秦兴方：《农村税费改革后农村基层组织的运转分析——以江苏为例》，《扬州大学学报》(人文社科版) 2004年第3期，第15~20页。

制度性限制，也使本村籍以外的人更不会主动去村委会。

笔者在 J 村做的关于村民对村委会依赖度的调查发现，认为村委会决定对身边生活"没有什么影响"或者"影响不太大"的有 64%（见图 6-2）。在对村委会及村干部的工作评价上，接近一半的人选择"一般"，直接填写"不满意"的占到 20%，只有 32% 的认为"满意"和"非常满意"（见图 6-3）。虽然有超过一半的人认为到村委会办事"方便"或者"比较方便"（见图

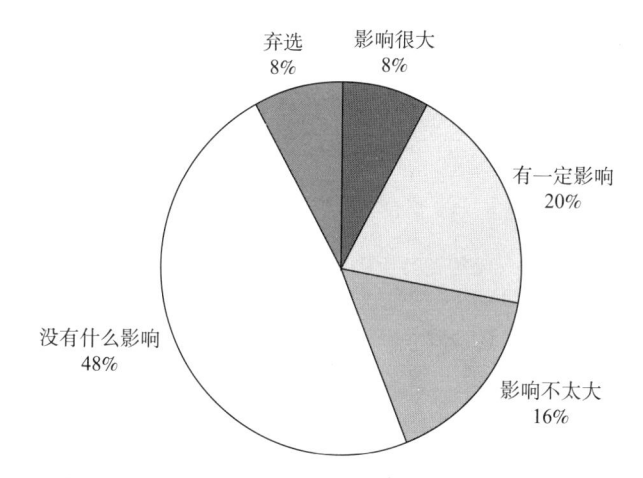

图 6-2　村委会的决定对村民生产和生活的影响情况

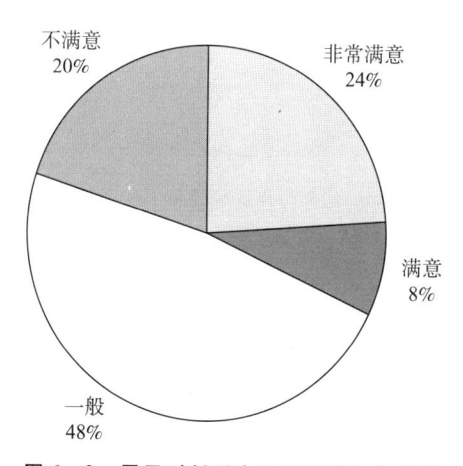

（弃选 8%；影响很大 8%；有一定影响 20%；影响不太大 16%；没有什么影响 48%）

图 6-3　居民对村委会及干部的工作评价

（不满意 20%；非常满意 24%；满意 8%；一般 48%）

6-4)。然而 2009 年的数据显示,大部分人一次也没有找过村委会办事,仅有 8% 的人很多次找村委会办事(见图 6-5)。

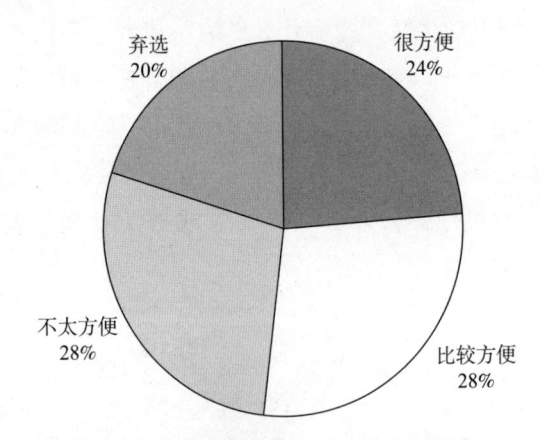

弃选 20%
很方便 24%
不太方便 28%
比较方便 28%

图 6-4　居民到村委会办事的方便程度

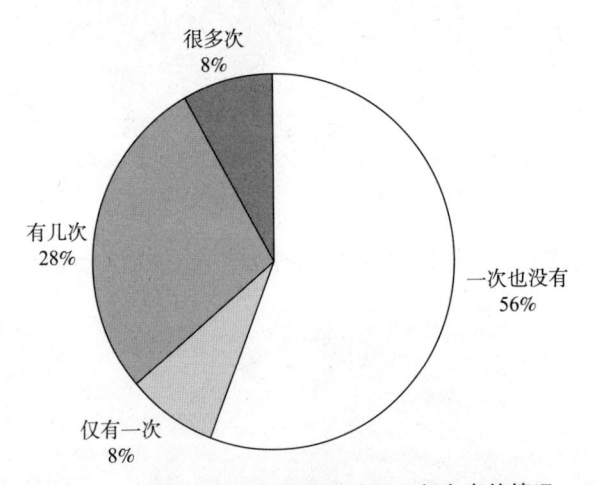

很多次 8%
有几次 28%
仅有一次 8%
一次也没有 56%

图 6-5　居民一年内找村委会或村干部办事的情况

社区组织应该是一种社会组织,以社会管理和社会服务为目标,致力于社会平等和公平。然而事实上在 J 村,2007 年开始就翻修好的村委会办公楼,很少有村民来。从村委会大楼几乎无人问津、"停水风波"的解决乏力、公共产品和公共服务诉求的难以回应等,笔者似乎看到了一个"唱独角戏"的 J 村村委会:一方面是村庄社区居民异质化导致的权利诉求多样化和复杂化,另一方面是受制度和治理资源限制，村委会对各种诉求和纠纷表现出"无可奈何"。

（二）"商贸大市场党委"的设想

1. 商贸大市场党委的筹建

L市市委组织部刘部长注意到了现有制度下J村村庄社区治理的真空，于是在商贸大市场建好后，经由L市委组织部研讨提出了一个建设"商贸大市场党委"的方案设想。具体的组织架构，就是在J村商贸大市场设立一个跨越地域边界、行政边界和户籍边界的中心党委，下设三个党支部——J村党支部、邻省Z村党支部和商贸大市场党支部（后改为"中心大市场党支部"）。每月召开一次党委会、支部会议，就两地（以两村为中心辐射两省若干村）产业结构调整、社会治安、市场管理、市场交易进行协商安排，共同寻求市场发展和两地农民致富的路子。

商贸大市场党支部，则由市场内部商户中的党员组成。商贸大市场党委的筹建，主要是为了防止未来集贸市场内部出现管理真空，从党组织上予以加强，以党建引领大市场的有序管理。在筹建文件中，明确写着商贸大市场党委的市场管理职能："进入商贸市场的经营业主全部实行独立经营，一是要建立业主协会，让业主参与自我管理。二是发挥党员业主的示范作用，让党员亮出牌子，公开承诺，诚信交易，取信于民。建立党员责任区，实行1+x（1名党员+多家经营业主）工作法，党员业主主动为其他经营户提供市场信息、管理经验，帮助办理相关经营手续，还要负责搞好区域卫生和经营秩序，化解业主之间的矛盾，维护市场团结。大市场党支部要加大同工商、税务、公安等部门的联合力度，打击偷逃税、欺诈消费者、销售假冒伪劣产品等违法行为，维护市场经营秩序。"[①]

---

① 资料来源于"商贸大市场中心党委J村党支部筹建情况报告"。

位于 J 村的新的商贸大市场，门面、摊位整洁有序，路标、宣传标语丰富，确实能反映出商贸大市场党委对市场筹建和社区建设所做出的贡献。商贸大市场党委的筹建，说明党组织意识到了开放的乡村社区内经济组织形式日益多元化和多样化，市场内部经营主体的多元化必然带来的新的组织需求。虽然商贸大市场仍然在村庄地界上，然而原有的村委会已经无法管理多元化的市场商户，必须建立一种超出村民身份、地缘边界、行政边界的组织，进行市场的后续管理。然而，商贸大市场党委的组织模式，真能突破旧有的"村民委员会"局限，承担起多元化居民主体的管理和组织职能吗？

为了解商贸大市场党委和党员的具体情况，笔者对进入市场的党员商户做了系列访谈。其中有一家做酱干菜生意的商户，男主人新入党转正，马上要被吸收进"中心大市场党支部"。做酱干菜生意的这位商户对于加入中心大市场党支部感到十分自豪，他清楚，农村基层党组织是农村工作和基层治理的领导核心，党员身份带来的荣誉感及加入基层治理领导核心的职责，都让他倍感自豪，让他有一种很重大的责任感。

"中心大市场党支部"位于 J 村，所以 L 市市委组织部委托 J 村党支部参与具体筹建。这位酱干菜商户党员是一位外村人，被 J 村党支部发展考察并推荐入党。笔者问 J 村支部书记为什么会发展他入党，书记说在已进驻的商户里考察了很久，发现这位为人老实、不滑头，生意做得也比较踏实，以后大市场的组织运转工作由他来协助管理，比较放心。

再深入了解"中心大市场党支部"党员可以发现，商贸大市场党委筹建以后，J 村党支部已发展了 3 名党员，只有酱干菜商户是外村人，另外两名都是本村村民。然而事实上，笔者调研时，商贸大市场已经卖出和租出的 20 多间门面房，几乎都由外村商户经营。也就是说，"中心大市场党支部"的支部成员中，本村党员多于外村党员，而实际上商贸大市场商户中本村商户远少于外村商户，两者比例并不正向匹配。

农村基层党组织是农村工作和基层治理的领导核心。中心大市场党支部是一种尝试，希望通过打破村庄人员边界的方式构建新的基层党组织，解决社区多元异质化和现有组织封闭性之间的冲突与困境，但当有可能涉及村庄利益的时刻，村庄的内向聚合力和合作精神、自我利益的保护机制以及传统组织资源和社会关系在现代产业组织中的有效应用等，仍然在发挥主要作用。

三 小结

农村改革以来，虽然人民公社的组织体制被废除了，但是农村基层自治组织及治理单元依然具有封闭性，农村基层党支部、村委会和村集体经济组织依然具有封闭的单位化特征。随着改革开放和乡村经济社会的迅速发展，乡村社区的日益开放与村级组织的封闭性冲突更加突出。

首先，村级组织的封闭性及单位化的管理体制，与日益开放的乡村社会和大规模的人口流动不相适应，造成巨大的管理困境。由于现行的村级组织实行村社不分的管理体制，村集体土地的产权边界是村民的身份和权利边界，也是村级组织的组织和管理边界。外来人口进入村庄社区意味着可能会分享原村民的土地、产权、福利等，不可避免遭到原村民的抵制，由此导致外来人口难以进入村庄社区。这不仅导致城乡之间人口难以流动，农村内部村与村之间、社区之间人口也难以流动。尽管有的外来人口长期工作和生活在某个乡村社区，但是，这些"新居民"无法真正融入生活和工作的社区。村级公共服务和管理对象也仅限于本村村民，难以对外来人员提供平等的基本公共服务，也无法实施有效的管理，造成巨大的管理困境。

其次，村级组织的封闭性及公共服务的内部性，与日益均等化的社会服务体制不相适应，造成公共服务的有限性。在村级组织封闭的条件下，不仅村委会组织的管理对象限于户籍村民，村级服务的对象也限于本村村民。虽然在实践中一些地方也让外来新居民分享一些公共设施和某些社区服务，但是这些服务是有选择且非制度化的，外来居民与本村居民之间也是不平等的。在现行体制下，村级组织是国家基本公共服务的分配者。然而，由于外来居民没有移居村的村籍和户口，无法在居住地就近获得国家基本公共服务，只能回到户籍所在地，如一些外村人在 J 村卫生院就医还必须回乡报销费用等。

最后，村级组织的封闭性及村民选举的限制性，与基层民主自治的广泛性和普遍性不相适应。村民自治制度作为我国的基本政治制度，是我国农村基本的民主自治组织形式，也是社会主义民主政治建设的基础性工程。改革开放以来，村民自治制度不断完善，自治民主的形式不断创新，但是，现行的村民委员会及村民自治体制建立在集体土地所有基础上，土地的产权关系决定着村委会的人员边界及权力范围，村民自治仅仅是拥有村集体产权的"村民"的自治，只有拥有土地产权的"村民"才可能参与村级民主选举、民主决策和民主管理，外来居民参与村级选举与本村事务管理，一般都会遭到本村村民的反对，外来居民实际上被排除在村庄治理和服务之外，以至于一些长期工作和生活在本地的"外地人"无法在社区入籍、扎根。

总之，村级组织的封闭性和排他性，使外来人口难以直接融入社区，也使社区难以实现有效的整合，导致乡村社区治理呈现"单位化"、"区别化"和"碎片化"，已经不能适应开放的乡村社区的融合与治理需求。

结论　从封闭走向开放的乡村社区融合与治理

中国乡村社会近代以来的变迁，是伴随国家现代化转型展开的。而"现代化是人类历史上最剧烈、最深远并且显然是不可避免的一场社会变革"①。对任何社会来说，现代化及社会转型并不是一帆风顺，而是充满了矛盾、冲突、风险和危机。S. N. 艾森斯塔德认为，现代化过程是传统社会解体和新型社会生长的过程，"各式各样的发展冲击着家庭领域，缩小了它的活动范围和功能，造成了代际间的紧张和疏远，其影响程度之大可能是史无前例的"。"包括世俗化在内的文化现代化进程，降低了长期以来形成和公认的价值、传统及其载体和代表者的可靠性。"② 显然，现代化过程中经济工业化、政治民主化、文化世俗化以及社会分化、流动，都在极大地改变人们的政治关系、利益关系、思想观念及行为方式。现代化转型推动近代以来中国乡村社会呈现两种趋势。

一是农民不断个体化。个体化是现代化的产物，也是现代性的特征。③ 在高度工业化和城市化的社会里，个体脱离了地域性

---

① 吉尔伯特·罗兹曼：《中国的现代化》，"比较现代化"课题组译，沈宗美校，南京：江苏人民出版社，1998，第5页。
② S. N. 艾森斯塔德：《现代化：抗拒与变迁》，张旅平、沈原、陈育国、迟刚毅译，北京：中国人民大学出版社，1988，第23～25页。
③ 诺贝特·埃利亚斯：《个体的社会》，翟三江、陆兴华译，南京：译林出版社，2003，第139页。

和血缘庇护群体,成为原子化的个人。社会个体化也是个体在私人生活领域,如家庭、亲属关系、社区、工作单位以及传统的社会关系网络中,获得更多权利、选择与自由的过程。①"个体化所承载的是个体的解放,即从归属于自己、通过遗传获得、与生俱来的社会属性等的确定性中解放出来,这种变化被正确地看作现代的境况中最明显和最有潜势的特征。"②贺美德、鲁纳认为,在过去几十年的市场改革过程中,中国已经出现了一种发展趋势,并渗透到社会生活的各个方面,即中国出现了个体化社会,个人已经成为一个基本社会范畴。③在这种个体化社会中,个人不再被动依附于先赋性的组织,或者被强制从属于特定的组织与群体,而是成为依法拥有个人独立、自主、权利和自由的社会主体。乡村社会个体化是农民不断获得解放的过程,也是乡村社会以及组织结构的历史性变革。④

二是国家权力不断向下延伸。在传统中国乡村治理中,"皇(国)权不下县""县下行自治",乡村基层社会依靠"亦官亦民"的乡绅实施"双轨政治"或"长老统治",国家与乡村社会

---

① 阎云翔:《私人生活的变革:一个中国村庄里的爱情、家庭与亲密关系1949—1999》,龚小夏译,上海:上海书店出版社,2006,第151~157页。
② 齐格蒙特·鲍曼:《个体化社会》,范祥涛译,上海:上海三联书店,2002,第181页。
③ 贺美德、鲁纳:《"自我中国":现代中国社会中个体的崛起》,许烨芳等译,上海:上海译文出版社,2011,第1~6页。
④ 参见阎云翔《中国社会的个体化》,陆洋译,上海:上海译文出版社,2012;阎云翔《私人生活的变革:一个中国村庄的爱情、家庭与亲密关系1949—1999》,龚小夏译,上海:上海书店出版社,2006;解彩霞《现代化、个体化、空壳化——一个当代中国西北村庄的社会变迁》,北京:中国社会科学出版社,2017;徐京波《消费主义与乡村个体化趋势》,《华南农业大学学报》2013年第4期,第105~110页;蔡斯敏《社会个体化时代趋向下人的主体性及其实现路向》,《广西社会科学》2019年第3期,第90~95页;李恒全、陈成文《从个体化看中国社会治理基础的重建》,《山东社会科学》2016年第7期,第77~81页。

共同体进行合作治理。① 而在现代化的过程中，随着现代国家的构建，国家权力进一步深入乡村，乡村治理日益国家化、行政化和官僚化。20 世纪初期，在传统社会整合机制瓦解的同时，新型现代组织以及国家权力即逐渐向基层延伸，原本处于"自治"状态的血缘性、生产性与地域性群体被纳入"官治"系统之中，如青苗会、保甲组织都演变为正式的村级管理单元，乡村原有社会结构逐渐组织化、制度化、政权化。

基层社会走向分散化和个体化的同时，伴随着新的国家权力社会化和社会的再组织化。这一过程一直延续到新中国成立，并最终实现全面的集体化和组织化。人民公社体制将中国传统农村以血缘、生产与地域性组织为基本单元而组织生产生活的格局，转变成为以集体化组织为主要形式的"集党、政、经、军、民、学于一体"的农村基层组织，国家可以直接控制农业生产、农民生活和社会福利分配，个体农民转变成了集体社员，农民个人的生产、生活都必须依附于公社集体组织。国家将个人从个体－传统群体的轴线上抽离出来，而嵌入在个体－集体组织的轴线上，整个农村由一个个组织内聚、相对孤立、自给自足、同质性强的公社和生产队组成，由国家行政权力垂直联系起来，缺乏横向的社会互动与经济联系，形成"蜂窝结构"②。改革开放以来，虽然人民公社的组织体制被废除了，但是农村基层自治组织及治理单元依然延续了集体化时代的封闭性。总之，从近代民族国家建构

---

① "双轨政治""长老统治"参见费孝通《乡土中国、生育制度、乡土重建》，北京：商务印书馆，2011；"简约治理"参见黄宗智《集权的简约治理——中国以准官员和纠纷解决为主的半正式基层行政》，《开放时代》2008 年第 2 期，第 10～25 页。

② Vivienne Shue, *The Reach of the State: Sketches of the Chinese Body Politic* (Stanford: Stanford University Press, 1988); Vivienne Shue, "State-Society Relations in Rural China", Jorgen Delman, Clemens Stubbe Osteraard, and Flemming Christiansen (eds.), *Remaking Peasant China: Problems of Rural Development & Institutions at the Start of the 1990s* (Denmark: Aarhus University Press, 1990), PP. 60 - 76.

开始,中国传统的乡村社会结构逐渐被国家政权组织所取代。

乡村社区正是农民不断个体化和国家权力不断向下延伸的发生场域,现代化转型给乡村社区带来实质性的冲击和改变。改革开放以来,随着中国城镇化转型,大量农民开始在城乡之间及乡村内部不同地区之间流动,乡村社会及社区都将变得更加开放,传统同质性和封闭性的社区或共同体出现分化和异质化。如本书调研的J村,常住人口中半数以上已经是外来人口,形成外来人口与本地人口的"倒挂"现象。伴随着农民生产生活空间发生转移,乡村传统文化,农民交往方式、交往对象以及生活习惯也都被重构。从"社改乡"和"乡政村治"体制建立,到"撤并乡镇"和推行"村民自治",再到税费改革后乡镇管理体制创新,伴随着新时期乡镇改革进程的展开,乡镇规划亦不断变迁。如J村经历了建镇和撤镇的两次规划变迁,给社区地域和行政边界带来改变,也带来社区成员的异质化。流动及一系列资源分配和行政权力的改变,给J村社区带来四种身份不同的居民,打破了社区传统"熟人社会"的安静与平衡。外来人口开始长期居住并与本地人口在经济、生活方方面面密切合作交往,原始的血缘、地缘共同体边界被打破,同根同族的乡村社会公共空间发生深刻变化,以"差序格局"为特征的农村共同体面临解体危机。

这些改变也将给社区中人们的认同、权利、公共产品与公共服务提供,以及乡村文化等带来一系列的冲击和改变。理论上讲,如J村这样本地人和外地人在村内持续、动态的社会交往,有助于"村"和"社"两个不同场域的互相重叠与彼此渗透,有利于淡化同一地域内不同群体的身份边界,形成新的生活共同体。① 然而从J村的调研来看,以血缘、地缘关系为基础的生活

---

① 郎晓波:《"人口倒挂"混居村的自治组织边界重建》,《西北农林科技大学学报》(社会科学版)2016年第5期,第43~48页。

交往圈子和村籍制度，在"村里人"和"村外人"之间形成了难以逾越的"鸿沟"。对于本村人来讲，家和社区"是一个'温馨'的地方……在它的下面，可以遮风避雨"①，然而对于"非本村"的居民来讲，无论在此住了多久，即使已经与友邻形成亲密关系且相互依赖，那种对于共同体的归属感却始终难寻，由于无法表达权利等，J村外来人口与村庄公共事务及村庄社区治理之间呈现疏离状态，外来人口身在社区，却游离其外。

同时，随着乡村社会结构的日益个体化，原有的规范或既有的权威不断瓦解。一方面，乡村的社会分工与个人异质性越发明显，个体之间的差异性不断增强，村民个体不断意识到自己是一个单独的个体，对先赋性群体与集体性组织的依赖性越来越弱。另一方面，由于开放的社会边界与排他性的自治组织之间的张力，外来人口进入村庄却与村庄治理疏离，加重了村治权威和村治权能的弱化。这也意味着，在乡村社会从群体化、集体化向个体化转型的过程中，个体的行为方式及社会组织结构也发生了深刻的变化。这要求乡村社会治理体制要适应乡村社会主体及其组织结构的变化。然而，迄今为止，新的乡村社会治理结构并未完全建立起来，农村基层党支部、村委会和村集体经济组织依然具有封闭的单位化特征，由此导致乡村治理困境。如何构建适应新形势的基层治理体制，成为最迫切的问题。

现有制度下村级组织的封闭性和单位化治理，使乡村社区与个体之间，并未建立起直接有效的沟通渠道，个体化的乡村社区诉求无法得到有效回应。迄今，家庭、集体以及村庄社区仍是基层组织和管理的重要基础。家庭承包经营意味着家庭仍是生产经营及资源分配的基本单位；"政经合一"的村委会组织仍是村民

---

① 齐格蒙特·鲍曼：《共同体》，欧阳景根译，南京：江苏人民出版社，2007，第2~5页。

自治及农民管理的基本单元；城乡之间的二元体制仍没有完全消除，甚至衍生出农民、市民以及农民工、外来工等不同的人群划分，不同人群适用不同的政策，享有不同的权利和福利。这一切都表明农民个人并没有完全从农户、集体以及"农民身份"中独立出来，乡村社区内的治理本质上依然是群体化治理。这种基于身份、等级及具有封闭性和依附性组织建立起来的社区共同体及其治理本身具有封闭性和脆弱性。

随着乡村社区居民的独立性和个体化显著增强，家庭作为生产和生活单元开始出现分化甚至解体；农民及土地的流动使传统村落共同体以及集体经济组织日益异质化；村民委员会对农民的约束力大幅度下降；传统依靠户籍等制度实行城乡二元化的管理也难以被民主和平等意识日益增强的农民所接受。不仅如此，农民个体化发展在瓦解传统组织与管理方式的同时，也产生了诸多新的需求，如农民个体化与家庭养老功能的弱化凸显了农村养老问题；血缘地缘村落共同体的解体使传统乡村道德约束力下降；农民集体经济组织的分化和弱化造成基层公共管理和公共服务失去经费来源，加剧社区公共服务的供需矛盾；农民个体化对集体减少依附的同时也带来个人的不信任和不安全感，造成社区成员间的疏离，难以合作，组织困难；等等。乡村个体化在经历对原有乡村社会治理体制的脱嵌之后，需要解决的是如何构建新的治理体制，在维护乡村个体自主和独立的同时，将乡村个体再次容纳和组织起来，建立起政府对个体化乡村社区诉求的有效回应机制。

在党的第十九次全国代表大会上，党中央提出了新时代的"总任务是实现社会主义现代化和中华民族伟大复兴，在全面建成小康社会的基础上，分两步走在本世纪中叶建成富强、民主、文明、和谐、美丽的社会主义现代化强国"，并再次"明确全面深化改革的总目标是完善和发展中国特色社会主义制度、推进国家治理体系和治理能力现代化"。① 显然，在新时代，我国现代化建设的重点已经开始转到推进国家治理现代化，以满足人们日益增长的民主、法治、公平、正义、安全和环境等需求。

随着国家现代化建设的进一步推进，乡村社区将会出现进一步的现代化转型趋势。一是新型城镇化的推进将推动我国从"城乡中国"向"城市中国"转型。农民在城乡社会之间的流动会加快，乡村社会和社区日益开放，将进一步导致乡村社会的个体化。乡村社区的流动和异质化会进一步削弱传统家族、血缘、村落及集体组织的约束力，传统封闭的村落和集体组织边界将日趋瓦解，封闭的村民自治组织及其治理方式将难以延续、面临深刻改变。二是随着工业化、市场化和城镇化的发展，党和政府将统筹城乡协调发展作为加快推进现代化等的重大战略，城乡社会组织、管理和服务日趋一体化，进一步推动公共资源和公共服务在城乡之间均衡配置，这不仅要求并推动现行城乡法律、制度和政策的改革，也将要求并推动城乡社会组织、管理和服务体制的重大转变。三是从"小康社会"到"富裕社会"，乡村社区居民的公共需求将全面增长和迅速释放，尤其是对公共环境、公共设施、公共服务以及公共治理的诉求将迅速提升。乡村社区居民个体权利意识、民主觉悟及自治能力迅速增强，对社会公平正义以及公共治理的效能将有更高的需求，这要求政府面对基层的多元化、个体化诉求，要进一步构建高效、简约、科学的回应机制。

未来我国乡村社区的有序及共同体的有机融合，最终取决于基层治理能否适应经济社会发展以及人们需求的变化。当前和未来"城乡中国"向"城市中国"转型的时期，也是我国从"小康社会"向"富裕社会"转型的关键时期，城乡居住空间、社会

---

① 习近平：《决胜全面建成小康社会　夺取新时代中国特色社会主义伟大胜利——在中国共产党第十九次全国代表大会上的报告》（2017 年 10 月 18 日），《党的十九大报告辅导读本》，北京：人民出版社，2017，第 19 页。

经济结构、生产生活方式、人们的思想观念都将发生深刻改变，乡村社会进一步开放，农民的个体性、流动性日益增强，多元化和个体化社会需求全面增长，推动乡村基层治理需进一步从以下方面展开思考和探索转型：第一，向"以民为本"转变，建立立足无差别公民的治理体系；第二，向"回应诉求"转变，建立直接面向个体的治理体系；第三，向"开放治理"转变，构建更加开放包容的治理体系；第四，向"依法治理"转变，构建基层社会法制化的现代治理体系；第五，向"民主治理"转变，完善民主化基层治理体系；第六，向"城乡融合"转变，构建城乡一体化的基层治理体系。① 总之，构建更加开放包容、城乡一体及民主法制的基层社会治理，是回应基层社会和乡村社区共同体发展诉求的方向和目标。

---

① 项继权、刘开创：《城镇化背景下中国乡村治理的转型与发展》，《华中师范大学学报》（人文社会科学版）2019 年第 2 期，第 4~7 页。

参考文献

埃莉诺·奥斯特罗姆:《公共事物的治理之道》,余迅达、陈旭东,上海:上海译文出版社,2000。

爱德华·汤普森:《共有的习惯》,沈汉、王加丰译,上海:上海人民出版社,2002。

安东尼·吉登斯:《民族-国家与暴力》,胡宗泽、赵立涛、王铭铭译,北京:生活·读书·新知三联书店,1998。

安东尼·吉登斯、克里斯多弗·皮尔森:《现代性:吉登斯访谈录》,尹宏毅译,北京:新华出版社,2001。

白钢主编《中国政治制度史》,天津:天津人民出版社,1991。

曹锦清、张乐天、陈中亚:《当代浙北乡村的社会文化变迁》,上海:上海远东出版社,1995。

查尔斯·泰勒:《自我的根源:现代认同的形成》,韩震等译,南京:译林出版社,2001。

陈桂棣、春桃:《中国农民调查》,北京:人民文学出版社,2004。

陈吉元、胡必亮主编《当代中国的村庄经济与村落文化》,太原:山西经济出版社,1996。

陈吉元等主编《中国农村社会经济变迁 1949—1989》,太原:山西经济出版社,1993。

陈家骥主编《中国农民的分化与流动》,北京:农村读物出版社,1990。

陈万灵:《农村社区变迁:一个理论框架及其实证考察》,北京:中国经济出版社,2002。

陈锡文:《中国县乡财政与农民增收问题研究》,太原:山西经济出版社,2003。

陈锡文、赵阳、罗丹:《中国农村改革30年回顾与展望》,北京:人民出版社,2008。

陈心林:《族群的流动:内涵与边界——潭溪社区的个案研究》,《中南民族大学学报》(人文社会科学版)2008年第3期,第32~35页。

从翰香:《近代冀鲁豫乡村》,北京:中国社会科学出版社,1995。

道格拉斯·诺斯:《制度、制度变迁与经济绩效》,杭行译,上海:格致出版社,2008。

《邓小平文选》(第二卷)(第2版),北京:人民出版社,1994。

《邓小平文选》(第三卷),北京:人民出版社,1993。

邓正来:《反思与批判:体制中的体制外》,北京:法律出版社,2006。

邓正来:《关于中国社会科学的思考》,上海:上海三联书店,2000。

邓正来:《国家与社会:中国市民社会研究》,成都:四川人民出版社,1997。

邓正来、杰弗里·亚历山大主编《国家与市民社会:一种社会理论的研究路径》,上海:上海人民出版社,2006。

丁传宗:《农村社区背景下的城乡规划》,《华中师范大学研究生学报》2008年第4期,第1~10页。

杜鹰、白南生:《走出乡村——中国农村劳动力流动实证研究》,北京:经济科学出版社,1997。

杜鹰、唐正平、张红宇主编《中国农村人口变动对土地制度改革的影响》,北京:中国财政经济出版社,2002。

杜赞奇:《文化、权力与国家:1900—1942年的华北农村》,王福明译,南京:江苏人民出版社,1994。

段炼:《当前农村社区建设存在的问题》,《边疆经济与文化》

2009 年第 2 期，第 23~25 页。

斐迪南·滕尼斯：《共同体与社会：纯粹社会学的基本概念》，林荣远译，北京：商务印书馆，1999。

费孝通：《江村经济》，上海：上海人民出版社，2006。

费孝通：《江村农民生活及其变迁》，兰州：敦煌文艺出版社，1997。

费孝通：《乡土中国　生育制度》，北京：北京大学出版社，1998。

冯子标主编《实现农村社区现代化的战略抉择——山西省平定县乡村企业发展研究》，北京：经济科学出版社，1994。

弗里曼、毕克伟、赛尔登：《中国乡村，社会主义国家》，陶鹤山译，北京：社会科学文献出版社，2002。

甘信奎：《城乡一体化背景下的农村社区自治趋向》，《继续教育研究》2009 年第 12 期，第 42~45 页。

甘信奎：《新农村社区建设模式及政策推进》，《江汉论坛》2009 年第 2 期，第 134~137 页。

高洪：《当代中国人口流动问题》，博士学位论文，复旦大学，2003。

顾德曼：《家乡、城市和国家：上海的地缘网络与认同》，宋钻友译，上海：上海古籍出版社，2004。

官锡强：《从台湾农村城市化模式看广西农村城镇化的路径选择》，《城市发展研究》2007 年第 3 期，第 20~31 页。

郭锋航、王欢：《构建和谐社会与建设社会主义新农村》，《安徽文学》2007 年第 5 期，第 203~204 页。

郭家瑜、曾惠敏：《新农村社区建设的现状与对策分析》，《景德镇高专学报》2009 年第 4 期，第 116~118 页。

郭正林：《中国农村权力结构中的家族因素》，《开放时代》2002 年第 3 期，第 95~106 页。

韩丁：《翻身：中国一个村庄的革命纪实》，韩倞等译，北京：北京出版社，1980。

韩敏:《回应革命与改革:皖北李村的社会变迁与延续》,陆益龙、徐新玉译,南京:江苏人民出版社,2007。
何清涟:《现代化的陷阱:当代中国的经济社会问题》,北京:今日中国出版社,1998。
何亚娟:《构建社会主义和谐社会应当处理好的六大关系》,《黑龙江教育学报》2007年第2期,第1~4页。
贺雪峰:《什么农村,什么问题》,北京:法律出版社,2008。
贺雪峰:《乡村的前途:新农村建设与中国道路》,济南:山东人民出版社,2007。
贺雪峰:《乡村研究的国情意识》,武汉:湖北人民出版社,2004。
贺雪峰:《乡村治理的社会基础:转型期乡村社会性质研究》,北京:中国社会科学出版社,2003。
贺雪峰:《新乡土中国:转型期乡村社会调查笔记》,桂林:广西师范大学出版社,2003。
胡必亮:《雁田新治理》,北京:社会科学文献出版社,2012。
胡勇、李宝龙主编《京郊农村社区社会调查》,北京:中国农业出版社,2007。
奂平清:《华北乡村集市变迁与社会结构转型——以定州的实地研究为例》,博士学位论文,中国人民大学,2005。
黄树民:《林村的故事:一九四九年后的中国农村变革》,素兰、纳日碧力戈译,北京:生活·读书·新知三联书店,2002。
黄宗智:《长江三角洲小农家庭与乡村发展》,北京:中华书局,2000。
黄宗智:《华北的小农经济与社会变迁》,北京:中华书局,2000。
黄宗智主编《中国乡村研究》,北京:商务印书馆,2003。
黄宗智主编《中国研究的范式问题讨论》,北京:社会科学文献出版社,2003。

贾德裕、朱兴农、郝同福:《现代化进程中的中国农民》,南京:南京大学出版社,1998。

江涛:《乡村共同体的衰落——从赣南山区自然村庄的消亡看农村社区的变迁》,《广西民族大学学报》(哲学社会科学版)2007年第6期,第23~27页。

金观涛、刘青峰:《开放中的变迁:再论中国社会超稳定结构》,香港:香港中文大学出版社,1993。

金耀基:《从传统到现代》,北京:中国人民大学出版社,1999。

景跃进:《当代中国农村"两委关系"的微观解析与宏观透视》,北京:中央文献出版社,2004。

景跃进:《政治空间的转换:制度变迁与技术操作》,北京:中国社会科学出版社,2004。

翟学伟:《中国人行动的逻辑》,北京:社会科学文献出版社,2001。

柯鲁克、D. 柯鲁克:《十里店:中国一个村庄的群众运动》,安强、高建译,北京:北京出版社,1982。

科尼利尔斯·奥斯古德:《旧中国的农村生活——对云南高峣的社区研究》,何国强译,香港:国际炎黄文化出版社,2007。

克利福德.吉尔兹:《地方性知识:阐释人类学论文集》,王海龙、张家瑄译,北京:中央编译出版社,2000。

孔飞力:《叫魂:1768年中国妖术大恐慌》,陈兼、刘昶译,上海:上海三联书店,1999。

蓝宇蕴:《都市村社共同体——有关农民城市化组织方式与生活方式的个案研究》,《中国社会科学》2005年第2期,第144~207页。

蓝宇蕴:《都市里的村庄——一个"新村社共同体"的实地研究》,北京:生活·读书·新知三联书店,2005。

郎晓波:《"人口倒挂"混居村的自治组织边界重建》,《西北农林科技大学学报》（社会科学版）2016 年第 5 期，第 43～48 页。

李昌平：《我向总理说实话》（新版），西安：陕西人民出版社，2009。

李聪睿：《计算基尼系数的算法研究及应用》，《广东工业大学学报》2005 年第 2 期，第 125～129 页。

李丹丹、毛满长、赵丹：《"私养公助"——社区绿化的新模式》，《社区》2007 年第 1 期，第 12～13 页。

李方才：《略论农村社区与村民委员会的关系》，《乡镇论坛》2009 年第 1 期，第 23～24 页。

李国庆：《关于中国村落共同体的论战——以"戒能——平野论战"为核心》，《社会学研究》2005 年第 6 期，第 194～246 页。

李汉卿：《中国共产党农村政治动员模式研究：1949—2012》，北京：中央编译出版社，2015。

李侃如：《治理中国——从革命到改革》，胡国成、赵梅译，北京：中国社会科学出版社，2010。

李慷：《社会变迁中的中国农村社区发展——桃源农村社区调查与研究》，北京：中国科学技术出版社，1992。

李慷主编《中国农村基层社区组织（乡村）建设新探索》，北京：中国科学出版社，1991。

李立志：《变迁与重建：1949—1956 年的中国社会》，南昌：江西人民出版社，2002。

李良玉：《变动时代的记录》，长春：吉林人民出版社，2003。

李书磊：《村落中的"国家"：文化变迁中的乡村学校》，杭州：浙江人民出版社，1999。

李同升：《乡村地域共同体及其结构与功能研究》，《西北大学学报》（自然科学版）1998 年第 5 期，第 455～460 页。

李文海主编《民国时期社会调查丛编》（一编），福州：福建教育出版社，2004。

李小云等：《农村社区发展规划导论》，北京：人民出版社，1995。

李义波、姚兆余：《农民组织化与农村社区发展》，《南方论刊》2009年第2期，第35~38页。

李勇华：《公共服务下沉背景下农村社区管理体制创新模式比较研究——来自浙江的调研报告》，《中州学刊》2009年第6期，第21~27页。

梁芳男：《台湾省农村社区建设之研究》，台北：成文出版社，1981。

林虹：《20世纪中国农民问题》，北京：中国社会出版社，1998。

林耀华：《金翼：中国家族制度的社会学研究》，庄孔韶、林宗成译，北京：生活·读书·新知三联书店，1989。

林耀华：《义序的宗族研究》，北京：生活·读书·新知三联书店，2000。

刘迟、刘伟红：《模糊的边界：社区组织自治权力的退缩》，《兰州学刊》2008年第8期，第94~96页。

刘达华：《现代社区研究——农村城市化进程中的社区建设与管理》，深圳：海天出版社，2006。

刘贵丰：《农村社区建设的有益探索》，《中国农村小康科技》2009年第3期，第29~33页。

刘海江：《马克思实践共同体思想研究》，北京：中国社会科学出版社，2016。

刘豪兴、冯月根、徐珂：《乡镇社区的当代变迁——苏南七都》，上海：上海人民出版社，2002。

刘伟红：《社区自治边界及其重塑》，《江南社会学院学报》2008年第2期，第69~72页。

刘伟红：《游移的边界：社区自治话语权的争夺》，《福建行政学院学报》2008年第3期，第62~67页。

刘伟红、杨望远:《明晰与模糊的边界:社区自治问题探讨》,《中州大学学报》2008年第2期,第27~30页。

刘伟红、杨望远:《游走的边界:社区资源购买力的竞夺》,《广东行政学院学报》2008年第5期,第79~82页。

刘尧:《新农村社区教育发展模式研究》,《职业技术教育》2009年第31期,第61~65页。

刘玉照:《村落共同体、基层市场共同体与基层生产共同体——中国乡村社会结构及其变迁》,《社会科学战线》2002年第5期,第193~205页。

卢春天:《变迁中的垃圾及其思考》,《社会》2003年第11期,第4~8页。

卢辞、洪亮:《农村分配制度创新:税费改革与增强农村收入研究》,北京:中国商业出版社,2005。

鲁鹏:《实践与理论:制度变迁主要流派》,济南:山东人民出版社,2008。

陆学艺:《"三农"新论:当前中国农业、农村、农民问题研究》,北京:社会科学文献出版社,2005。

陆学艺:《"三农论":当代中国农业、农村、农民研究》,北京:社会科学文献出版社,2002。

陆学艺:《当代中国农村与当代中国农民》,北京:知识出版社,1991。

陆学艺:《当代中国社会阶层研究报告》,北京:社会科学文献出版社,2002。

陆学艺:《社会结构的变迁》,北京:中国社会科学出版社,1997。

陆学艺主编《当代中国社会流动》,北京:社会科学文献出版社,2004。

陆学艺主编《改革中的农村与农民——对大寨、刘庄、华西等13个村庄的实证研究》,北京:中共中央党校出版社,1992。

吕德文：《基层中国》，北京：东方出版社，2021。

罗荣渠、牛大勇主编《中国现代化历程的探索》，北京：北京大学出版社，1992。

骆惠宁：《综合性制度创新：农村税费改革的必由之路》，北京：人民出版社，2004。

马贵侠：《"共同体"的解构与重构——由滕尼斯的"共同体"与"社会"引发的思考》，《长春工业大学学报》（社会科学版）2006年第3期，第37~39页。

马国贤等：《后农业税时代的"三农"问题及涉农税收研究》，上海：上海财经大学出版社，2007。

马若孟：《中国农民经济：河北和山东的农民发展 1890—1949》，史建云译，南京：江苏人民出版社，1999。

马戎、刘世定、邱泽奇主编《中国乡镇组织变迁研究》，北京：华夏出版社，2000。

曼瑟尔·奥尔森：《集体行动的逻辑》，陈郁等译，上海：上海人民出版社，1995。

毛丹：《一个村落共同体的变迁——关于尖山下村的单位化的观察与阐释》，北京：学林出版社，2000。

毛满长、孙璐、熊光详：《社区建设如何筹集资金》，《社区》2006年第22期，第25~26页。

《毛泽东选集》（第1卷），北京：人民出版社，1991。

《毛泽东选集》（第2卷），北京：人民出版社，1991。

《毛泽东选集》（第3卷），北京：人民出版社，1991。

《毛泽东选集》（第4卷），北京：人民出版社，1991。

米格代尔：《农民、政治与革命：第三世界政治与社会变革的压力》，李玉琪、袁宁译，北京：中央编译出版社，1996。

米歇尔·福柯：《规训与惩罚》，刘北成、杨远婴译，北京：生活·读书·新知三联书店，2003。

明恩溥：《中国乡村生活》，陈午晴、唐军译，北京：中华书局，

2006。

彭勃:《乡村治理:国家介入与体制选择》,北京:中国社会出版社,2002。

彭大鹏、吴毅:《单向度的农村:对转型期乡村社会性质的一项探索》,武汉:湖北人民出版社,2008。

彭英明、徐杰舜:《从原始群到民族——人们共同体通论》,南宁:广西人民出版社,1991。

钱杭、谢维扬:《传统与转型:江西泰和农村宗族形态——一项社会人类学的研究》,上海:上海社会科学出版社,1995。

秦晖:《"大共同体本位"与传统中国社会(上)》,《社会学研究》1998年第5期,第12~21页。

秦晖:《传统十论:本土社会的制度、文化及其变革》,上海:复旦大学出版社,2003。

秦晖:《耕耘者言:一个农民研究者的心路》,济南:山东教育出版社,1999。

秦晖:《农民中国:历史反思与现实选择》,郑州:河南人民出版社,2003。

秦晖:《问题与主义》,长春:长春出版社,1999。

秦晖、苏文:《田园诗与狂想曲:关中模式与前近代社会的再认识》,北京:中央编译出版社,1996。

荣敬本、崔之元:《从压力型体制向民主合作体制的转变:县乡两级政治体制改革》,北京:中央编译出版社,1998。

施坚雅:《中国农村的市场和社会结构》,史建云、徐秀丽译,北京:中国社会科学出版社,1998。

苏力:《送法下乡:中国基层司法制度研究》,北京:中国政法大学出版社,2000。

苏力:《制度是如何形成的》,北京:北京大学出版社,2007。

孙贵霞:《从共同体看转型中的乡村组织——读滕尼斯〈共同体与社会〉所引发的思考》,《淮北职业技术学院学报》2006

年第 2 期，第 36~52 页。

孙秋云：《社区历史与乡政村治——鄂西土家族地区农村宗族文化与村民自治研究》，北京：民族出版社，2001。

田珍、秦兴方：《农村税费改革后农村基层组织的运转分析——以江苏为例》，《扬州大学学报》（人文社科版）2004 年 5 月第 8 卷第 3 期。

田仲勋：《运动高压下的权力斗争陷阱——通渭大跃进运动研究》，博士学位论文，中国人民大学，2009。

万高潮、魏明康：《从同质共同体到异质共同体——当代中国的政治发展与政治稳定》，香港：华商国际出版有限公司，2004。

王长安：《转型期中国乡村治理研究》，博士学位论文，吉林大学，2007。

王春光：《农村社会分化与农民负担》，北京：中国社会科学出版社，2005。

王春光：《社会流动和社会重构：京城"浙江村"研究》，杭州：浙江人民出版社，1995。

王春光：《中国农村社会变迁》，昆明：云南人民出版社，1996。

王沪宁：《当代中国村落家族文化——对中国社会现代化的一项探索》，上海：上海人民出版社，1991。

王华新主编《湖北省农村税费改革实践与探索》，北京：经济科学出版社，2003。

王惠平：《中国农村改革与发展：从税费改革到综合改革》，北京：中国财政经济出版社，2007。

王克安主编《中国农村村级社区发展模式——个案实录与问题及对策》，武汉：湖北人民出版社，2001。

王铭铭：《村落视野中的文化与权力：闽台三村五论》，北京：生活·读书·新知三联书店，1997。

王铭铭：《社会人类学与中国研究》，北京：生活·读书·新知三联书店，1997。

王铭铭:《社区的历程——溪村汉人家族的个案研究》,天津:天津人民出版社,1997。

王铭铭、王斯福:《乡土社会的秩序、公正与权威》,北京:中国政法大学出版社,1997。

王少哲:《试论中国农村社区的发展》,《湖南社会科学》1993年第4期,第62~65页。

王先明:《近代绅士:一个封建阶层的历史命运》,天津:天津人民出版社,1997。

王先明、郭卫民主编《乡村社会文化与权力结构的变迁:"华北乡村史学研讨会"论文集》,北京:人民出版社,2002。

王霄:《农村社区建设与管理》,北京:中国社会出版社,2008。

王振海、王义等:《农村社区制度化治理》,青岛:中国海洋大学出版社,2005。

王中汝:《政治发展视野中的乡镇政权改革研究》,博士学位论文,中共中央党校(国家行政学院),2002。

魏宏运主编《二十世纪三四十年代冀东农村社会调查与研究》,天津:天津人民出版社,1996。

温铁军:《"三农"问题与制度变迁》,北京:中国经济出版社,2009。

吴光能:《和谐社会与新农村建设》,《中共贵州省委党校学报》2007年第3期,第29~31页。

吴思:《潜规则:中国历史中的真实游戏》,上海:复旦大学出版社,2009。

吴思:《血酬定律:中国历史中的生存游戏》,北京:中国工人出版社,2003。

吴毅:《村治变迁中的权威与秩序——20世纪川东双村的表达》,北京:中国社会科学出版社,2002。

吴毅:《记述村庄的政治》,武汉:湖北人民出版社,2007。

吴毅:《小镇喧嚣——一个乡镇政治运作的演绎与阐释》,北京:

生活·读书·新知三联书店，2007。

吴毅：《转型社会的乡村政治》，北京：中国农业出版社，2006。

西摩·马丁·李普塞特：《政治人》，郭为桂、林娜译，南京：江苏人民出版社，2013。

夏忠胜、丁延武编著《农村社区组织与制度》，成都：四川大学出版社，2007。

项飙：《跨越边界的社区：北京"浙江村"的生活史》，北京：生活·读书·新知三联书店，2000。

项继权：《当前农村发展的阶段性特征及政策选择》，《江西社会科学》2009年第1期，第30~35页。

项继权：《集体经济背景下的乡村治理：南街、向高和方家泉村村治实证研究》，武汉：华中师范大学出版社，2002。

项继权：《论我国农村社区的范围与边界》，《中共福建省委党校学报》2009年第7期，第4~10页。

项继权：《农村基层治理再次走到变革关口》，《人民论坛．政论双周刊》2009年第5期，第58~59页。

项继权：《农村社区建设：社会融合与治理转型》，《社会主义研究》2008年第2期，第61~65页。

项继权：《中国农村社区及其共同体的转型与重建》，《华中师范大学学报》（人文社会科学版）2009年第3期，第1~9页。

项继权主编《走出"黄宗羲定律"的怪圈：中国农村税费改革的调查与研究》，西安：西北大学出版社，2004。

项继权、刘开创：《城镇化背景下中国乡村治理的转型与发展》，《华中师范大学学报》（人文社会科学版）2019年第2期，第1~9页。

萧公权：《中国乡村——论十九世纪的帝国控制》（英文版），北京：中国人民大学出版社，2014。

熊培云：《一个村庄里的中国》，北京：新星出版社，2013。

徐琦:《美国的农村社区研究》,《中国农业大学学报》(社会科学版)2002年第3期,第76~80页。

徐伟:《集体主义与利益共同体》,《探索与争鸣》1995年第5期,第22~24页。

徐永祥:《社区发展论》,上海:华东理工大学出版社,2001。

徐勇:《流动中的乡村治理:对农民流动的政治社会学分析》,北京:中国社会科学出版社,2003。

徐勇:《乡村治理与中国政治》,北京:中国社会科学出版社,2003。

徐勇:《中国农村村民自治》,武汉:华中师范大学出版社,1997。

徐勇、吴理财:《走出"生之者寡,食之者众"的困境:县乡村治理体制反思与改革》,西安:西北大学出版社,2004。

徐勇、项继权:《村民自治进程中的乡村关系》,武汉:华中师范大学出版社,2003。

阎云翔:《礼物的流动:一个中国村庄的互惠原则与社会网络》,李放春、刘瑜译,上海:上海人民出版社,2000。

杨炳珑:《土地流转活了,农村社区建设火了》,《乡镇论坛》2009年第4期,6~9页。

杨传林:《市场经济进程中的中国人口流动问题研究》,博士学位论文,青岛大学,2008。

杨方泉:《塘村纠纷:一个南方村落的土地、宗族与社会》,北京:中国社会科学出版社,2006。

杨光斌:《制度变迁与国家治理:中国政治发展研究》,北京:人民出版社,2006。

杨金龙:《新农村建设语境下我国乡村治理研究》,博士学位论文,吉林大学,2009。

杨懋春:《一个中国村庄:山东台头》,张雄、沈炜、秦美珠译,南京:江苏人民出版社,2001。

杨青平:《皇粮国税:税制流变与王朝兴衰》,郑州:河南人民出版社，2006。

杨绍政：《我国农村税费的理论解释：来自四川的经验研究》，北京：经济管理出版社，2007。

杨永材：《农村社区研究》，北京：中国农业大学出版社，1996。

杨舟、赵保佑：《走出"黄宗羲定律"的历史怪圈：中国农村税费制度改革理论与实践》，北京：经济科学出版社，2005。

姚洪斌：《新农村建设的一体化路径研究》，华中科技大学，博士学位论文，2009。

叶齐茂：《欧盟十国乡村建设见闻录之二——那里的乡村社区发展有四条边界》，《国外城市规划》2006年第5期，106~113页。

易钢、姜峰：《变革中的农村社会问题研究》，广州：华南理工大学出版社，2007。

应星：《大河移民上访的故事：从"讨个说法"到"摆平理顺"》，北京：生活·读书·新知三联书店，2001。

尤琳：《中国乡村关系——基于国家治能的检讨》，博士学位论文，华中师范大学，2013年

于建嵘：《岳村政治：转型期中国乡村政治结构的变迁》，北京：商务印书馆，2001。

俞可平主编《治理与善治》，北京：社会科学文献出版社，2000。

翟学伟：《人情、面子与权力的再生产》，北京：北京大学出版社，2005。

翟学伟：《中国人的脸面观：社会心理学的一项本土研究》，台北：桂冠图书股份有限公司，1995。

翟学伟：《中国人行动的逻辑》北京：社会科学文献出版社，2001。

翟学伟：《中国社会中的日常权威：关系与权力的历史社会学研究》，北京：社会科学文献出版社，2004。

詹成付、王景新编著：《中国农村社区服务体系建设研究》，北京：中国社会科学出版社，2008。

詹成付主编《农村社区文选》，北京：中国社会出版社，2008。

詹姆斯·C. 斯科特：《农民的道义经济学：东南亚的反判与生存》，程立显、刘建等译，南京：译林出版社，2001。

詹姆斯·C. 斯科特：《弱者的武器》，郑广怀、张敏、何江穗译，南京：译林出版社，2007。

张凤云：《和谐社会构建与"三农"问题的解决》，《许昌学院学报》2007年第1期，第116~119页。

张厚安、白益华主编《中国农村基层建制的历史演变》，成都：四川人民出版社，1992。

张厚安、徐勇、项继权等：《中国农村村级治理——22个村的调查与比较》，武汉：华中师范大学出版社，2000。

张健：《中国社会历史变迁中的乡村治理研究》，博士学位论文，西北农林科技大学，2008。

张杰、王欣：《东北边疆地区朝鲜族农村社区变迁的特点与推动力研究——以黑龙江省鸡西市永丰朝鲜族乡为例》，《黑龙江民族丛刊（双月刊）》2009年第6期，第164~168页。

张静：《法团主义》，北京：中国社会科学出版社，2005。

张静：《基层政权：乡村制度诸问题》（增订本），上海：上海人民出版社，2006。

张静主编：《国家与社会》，杭州：浙江人民出版社，1998。

张乐天：《告别理想——人民公社制度研究》，上海：东方出版中心，1998。

张鸣：《乡村社会权力和文化结构的变迁》，南宁：广西人民出版社，2001。

张鸣：《乡土心路八十年：中国近代化过程中农民意识的变迁》，上海：上海三联书店，1997。

张佩国：《地权分配·农家经济·村落社区——1900—1945年的山东农村》，济南：齐鲁书社，2000。

张思：《崩坏与变革前夜的华北村落共同体社会——沙井村：

1940—1949》，《福建论坛（人文社会科学版）》2005 年第 8 期，第 59~64 页。

张思：《近代华北村落共同体的变迁：农耕结合习惯的历史人类学考察》：北京，商务印书馆，2005。

张兴杰、游艳玲、谭均乐等编著：《农村社区建设与管理研究》，广州：华南理工大学出版社，2007。

张仲礼：《中国绅士——关于其在 19 世纪中国社会中作用的研究》，上海：上海社会科学院出版社，1991。

赵树凯：《农民的政治》，北京：商务印书馆，2018。

赵秀玲：《中国乡里制度》，北京，社会科学文献出版社，1998。

折晓叶：《"村庄边界的多元化——经济边界开放与社会边界封闭的冲突与共生"》，《中国社会科学》1996 年第 3 期，第 66~78 页。

折晓叶：《村庄的再造：一个"超级村庄"的社会变迁》，北京：中国社会科学出版社，1997。

郑传贵：《社会资本与农村社区发展——以赣东项村为例》，上海：学林出版社，2007。

郑传贵：《转型期农村社区社会资本研究》，博士学位论文，西北农林科技大学，2005。

郑杭生：《当代中国农村社会转型的实证研究》，北京：中国人民大学出版社，1996。

中国农业大学农民问题研究所编：《农村社区合作组织理论与实践探讨》，北京：中国大地出版社，2007。

中国社会科学院农村发展研究所组织与制度研究室：《大变革中的乡土中国——农村组织与制度变迁问题研究》，北京：社会科学文献出版社，1999。

中华人民共和国财政部《中国农民负担史》编辑委员会编著《中国农民负担史》，北京：中国财政经济出版社，1994。

周伟林：《中国地方政府经济行为分析》，上海：复旦大学出版社，1997。

周小进：《从滞定到流动——论托马斯·基尼利小说中的身份主题》，博士学位论文，华东师范大学，2007。

朱玲、蒋中一：《以工代赈与缓解贫困》，上海：上海人民出版社，1994。

朱晓阳：《罪过与惩罚：小村故事（1931—1997）》，天津：天津古籍出版社，2003。

朱玉湘：《中国近代农民问题与农村社会》，济南：山东大学出版社，1997。

竹内实：《人民公社史》，东京：平凡社，1972。

庄孔韶：《银翅：中国的地方社会与文化变迁》，北京：生活·读书·新知三联书店，2000。

Chelan Li, Linda, "Differentiated Actors: Central-Local Politics in China's Rural Tax Reforms", *Modern Asian Studies* 40 (1), 2006, pp. 151 – 174.

Friedman, E. Deng, "versus the peasantry: recollectivization in the countryside", *Problems of Communism* 39, 1990, pp. 5: 30 – 43.

Perry E., "Rural collective violence", in Elizabeth J. Perry and Christine Wong (eds.), "The Political Economy of Reform in Post-Mao China". Cambridge, MA: *Harvard Univ. Press*. 1985.

Row William, Hankou, "Conflict and Community in a China's Ctiy 1796 – 1895", *Stanford University Press*. 1989.

Xiaobo Lu, "Taxation, Protest, and Stability in Rural China". *Asian Program Special Report*, *Woodrow Wilson International Center for Scholars*. (sep., 2003) pp. 108: 8 – 13.

Zongzhi Huang, "The Peasant Family and Rural Development in the Yangzi Delta, 1350 – 1988", Standford, Calif.: *Stanford University press*, 1990.

Zweig D, "Struggling over Land in China: peasant resistance after collectivization, 1966 – 1986", in Forrest Colburn (ed.), "Everyday Forms of Peasant Resistance", Armonk, NY: *M. E. Sharpe.* 1989, pp. 151 – 74.

Zweig D, "Peasants and Politics", *World Policy*, 1989, pp. 4: 633 – 45.

附　录

附录一　调查问卷

L市Y乡J村居民生活圈调查问卷

本调查结果仅供学术研究之参考，不做其他用途，敬请热心填写，非常感谢您的帮忙。

敬祝　身体健康　万事如意！

A卷
（访谈卷，共25份）

一　基本情况

1. 您的住址_____省_____市（县、区）_____乡（镇）_____村

2. 您家现有_____人，在家务农的有_____人，外出打工的_____人

3. 您的性别：①男　②女

4. 您的年龄是：

①18~25岁　②26~35岁　③36~45岁　④46~55岁　⑤56~65岁　⑥66岁及以上

5. 您的职业是：

①在本村务农　②在本村务工经商　③当村干部　④在村外工作就业

6. 您的受教育程度是：

①不识字　②小学　③初中　④高中或中专　⑤大专　⑥本科及以上

7. 您家共有_____亩责任田地，其中林地_____亩，草地_____亩，水面_____亩

8. 您家是否承包（租）了别人的土地？

①承包（租）了［承租_____亩］　②没有

9. 您家是否出租过土地？

①出租了（出租_____亩）　②没有出租

10. 您家 2009 年的年收入大约是：

①不到 1000 元　②1000～3000 元　③3000～5000 元　④5000～10000 元　⑤10000～15000 元　⑥15000～30000 元　⑦30000～50000 元　⑧50000 元及以上

11. 近三年您家的主要收入来源有（限选 2 项）

①种植①收入　②养殖②收入　③打工收入　④其他收入（请写出名称）_____

12. 近三年您家生产方面投入或支出最多的是：

①购买农机具　②购买生产资料（种子、农药、肥料等）③灌溉　④使用机耕　⑤雇请人工　⑥其他（请写出名称）_____

13. 近三年您家生活方面投入或支出最多的是：

①看病　②小孩上学　③家用电器及交通通信工具购置④人情往来　⑤建房　⑥其他（请写出名称）_____

14. 您家在本村住了多久？

①几代人都是住本村　②父亲这一代迁到本村的　③我这一代迁来本村的

---

① "种植"包括（种植）粮食作物、经济作物及木材、竹材、花卉、药材等林特产品。

② "养殖"包括放养和圈养方式下的猪、牛、羊、鸭、鹅、鸡等畜禽及各种水面养殖。

二 对村（社区）的关注度

1. 本村的干部您认识多少？

①认识村委会主任　②认识党支部书记　③认识党支部和村委会其他成员　④全部不认识

2. 你们村（村委会）的成年人您认识多少？

①都认识　②大部分认识　③认识一半　④大部分不认识　⑤都不认识

3. 你们村民小组（社、队、屯）的成年人您认识多少？

①都认识　②大部分认识　③认识一半　④大部分不认识　⑤都不认识

4. 你们村的党员您认识多少？

①都认识　②大部分认识　③认识一半　④大部分不认识　⑤都不认识

5. 您认为村委会（社区）的决定对您的生产和生活有影响吗？

①影响很大　②有一定影响　③影响不太大　④没有什么影响

6. 您认为本村在村民中最有影响力和号召力的人是谁？

①村支部书记　②村委会主任　③族长或年长的　④最有钱的人　⑤其他（如当地强人等，如有请注明_____）

三 对村（社区）的满意度

1. 您对您村的绿化环境满意吗？

①非常满意　②满意　③一般　④不满意　⑤非常不满意

2. 您对您村的卫生环境满意吗？

①非常满意　②满意　③一般　④不满意　⑤非常不满意

3. 您认为您村的道路修得怎样？

①很好　②比较好　③一般　④不太好　⑤很不好

4. 您村的社会治安状况怎样？

①很安全　②比较安全　③一般　④不太好　⑤很不好

5. 您对您村委会和干部的工作满意吗?

①非常满意 ②满意 ③一般 ④不满意 ⑤非常不满意

6. 你们到村委会办事方便吗?

①很方便 ②比较方便 ③不太方便 ④很不方便

7. 您对生活在本村(社区)的总体印象如何?

①很好 ②比较好 ③一般 ④不太好 ⑤很差

四 村(社区)参与度

1. 近三年村委会有选举吗?您参加过村委会的选举吗?

①没听说过本村(社区)搞选举 ②有村委会选举,但我没有参加 ③参加过

2. 您有没有参加过村或社区的村民代表会议等活动?

①从没听说过本社区有这样的活动 ②有这样的社区会议,但没时间参加 ③参加过一些

3. 村或社区有选举吗?您参加过村委会的选举吗?

①没听说过本村(社区)搞选举 ②有村委会选举,但我没有参加 ③参加过

4. 村里的财务和债务情况您知道吗?

①知道 ②知道一点,不多 ③完全不知道,

5. 您有没有参加村(社区)的合唱团、曲艺团、舞剑队等民间组织?

①我们村里没有这样的组织 ②我们村有这样的组织,但没兴趣参加 ③我们村里有这样的组织,参加了一些 ④我参加了外村这样的活动

6. 社区组织居民开展文化娱乐活动,您是否愿意参加?

①愿意 ②有人邀请,考虑参加 ③不参加

7. 您有没有参加家族组织和活动(如建祠堂、修族谱及同族祭拜活动)?

①我们没有家族组织和活动,没有参加 ②我们有这样的组

织，但没有参加　③我们有这样的组织，参加了一些

8. 您2009年一年中有没有找过村委会或村干部办事？

①一次也没有　②仅有一次　③有几次　④很多次

9. 家族势力在你们村的影响大吗？

①影响很大　②影响比较大　③影响不太大　④没有影响

五　村（社区）依赖度

1. 如果您在生产上有困难，您一般找谁帮忙？

①邻居　②亲戚　③朋友　④村干部　⑤出钱请工　⑥其他（请注明：_____）

2. 如果您在生活上有困难，您一般找谁帮忙？

①邻居　②亲戚　③朋友　④村干部　⑤出钱请工　⑥其他（请注明：_____）

3. 您认为当前村民之间的关系如何？

①村民关系很密切，很团结　②村民关系一般　③村民关系冷淡，各顾各　④全村分成几派了，不太团结

4. 你们村不同的村民小组（屯、社或自然村）之间的关系如何？

①很团结　②关系一般　③有一些矛盾　④矛盾很大　⑤相互之间没有什么关系

5. 如果碰到你们村的村民，你们会主动打招呼吗？

①一般会的　②有时打打招呼　③一般不会打招呼

6. 这十年你们村总的发展是越来越好还是越来越差？

①越来越好　②没有什么变化　③越来越差，很多人都走了

7. 您想过离开本村到城里或外地去工作和生活吗？

①很想　②有时想过　③没想过　④没想过，也不想离开

8. 您希望您的子女离开本村到城里或外地去工作和生活吗？

①希望如此　②不希望　③没想过

9. 如果您因种种原因要离开本村，您会感到伤心吗？

①很伤心、很留恋　②有一点伤心　③不会

10. 您觉得您所在的村应当：

①合并到其他经济条件较好的村　②划分为若干相互独立的村　③维持现状

11. 您认为是否应允许外来居民参加本村（社区）选举：

①应允许　②不允许　③如果他们不参加村集体土地和收益的分配的话，可以

非常感谢您参与此项调查！如有其他建议、希望和要求请写出：

_____

B 卷
（发放卷，共 100 份）

调查时间：＿＿＿＿年＿＿＿＿月＿＿＿＿日

样本编号：＿＿＿＿

一　基本情况

1. 性别：□男　□女

2. 年龄：□20 岁及以下　□21～30 岁　□31～40 岁　□41～50 岁　□51～60 岁　□61～70 岁　□71 岁及以上

3. 受教育程度：□小学及以下　□初中　□高中　□高职　□大学专科　□大学本科　□研究生及以上

4. 全家平均年收入：□1000 元以下　□1000～5000 元　□5000～10000 元　□10000～20000 元　□20000 元及以上　□未回答

5. 您的家族在 J 村居住多久？

□5 年以内　□6～10 年　□11～20 年　□21～30 年　□31 年及以上　□世居

6. 您是本村村民吗？□是　□不是

如果不是，那么您想参与村委会的选举吗？□想　□没想过

如果不是，那么您迁入此村居住的原因是什么：□经商

□婚嫁　□子女教育　□生活环境　□其他

如果不是，那么您的亲戚和好友（平常交往最多的）是哪里居多：□J村　□老家

7. 您目前的家庭结构是：

□年轻夫妇未有小孩　□年轻夫妇加小孩　□三代同堂　□四代及以上　□其他_____

8. 您目前是不是家庭"当家的"？□是　　□否

9. 您目前在哪里从事专职工作（包括长年在外打工）？专职行业：_____　专职年限：_____年

□J村村内　□Y乡上　□L市内　□其他地方：_____

10. 您拥有的耕地形式：

□没有耕地　□有耕地并且亲自耕种　□有耕地但不亲自耕种（不耕种年限：_____年）　□无耕地但租种（耕种年限：_____）

11. 您有没有外出打工（兼职）？□有　□无

在哪里打工：_____

外出打工年限：_____年

每年投入打工的时间：_____月（详细说明：从_____月到_____月，从_____月到_____月，从_____月到_____月）

未来还会不会继续出去打工：□会　□不会

12. 您在本村担任公共职务的情况：

□担任过（村支书、村主任、会计等）　□正在担任　□没有担任过　□想要参选

13. 您平常参与不参与村内公共事务：□参与：_____　□不参与

14. 您家庭房屋有无搬迁：

□有：_____　□无

15. 您家拥有的电器及交通通信工具：□电视机　□电冰箱

□洗衣机　□DVD　□固定电话　□手机　□电脑　□小汽车
□摩托车　□卡车　□拖拉机

二　社会活动情况

16. 您的小孩在哪里念书？

　　□小学_____　地点：_____　□每日往返　□住校

　　□初中_____　地点：_____　□每日往返　□住校

　　□高中/高职_____　地点：_____　□每日往返
□住校

　　□大学及以上_____　地点：_____　□每日往返
□住校

　　□目前没有小孩念书

17. 您或家人平常在哪里就医：_____

　　当您或家人生大病时，通常会选择哪里就医或住院？

_____

18. 您的业余爱好（业余休闲活动）是：_____　在哪里：_____

　　您在节假日的休闲活动是：_____　在哪里：_____

19. 您小孩的业余爱好（业余休闲活动）是：_____　在哪里：_____

　　您小孩在节假日的休闲活动是：_____　在哪里：_____

20. 您在购买下列物品时，最常选择哪个地区？

　　·日用品（例如食品、卫生用品等）

　　□村内商店　□集市　□乡镇商店　□L市内　□其他：_____

　　·中高档用品（例如服饰百货鞋帽、书籍文具、电器、机车、家具等）

　　□村内商店　□集市　□乡镇商店　□L市内　□其他：_____

21. 您的家庭产品售出渠道是：

　　·劳力：_____　·农副产品或加工品：_____

22. 当您家要办理银行、邮局、电信等业务时，通常选择哪里？（可复选）

　　□村内　□Y 乡　□L 市内　□其他：_____

23. 请问您的宗教信仰是：_____教，平常参加宗教活动的场所是在：_____寺、教会、教堂等，在哪里_____

24. 请问您的姻亲选择范围：

　　□村内　□Y 乡内　□Y 乡之外 L 市内　□其他：_____

25. 主要亲戚朋友分布在：

　　□村内　□Y 乡内　□Y 乡之外 L 市内　□其他：_____

26. 您平常交往圈子的交往理由（可复选）：_____

　　□亲友联系　□爱好相同　□共事　□相互帮助

27. 您认为本村（社区）内最需要增加哪些设施？（可复答）：_____

　　参考答案：商店、诊所、警务部门、饭馆、活动中心、工厂、公司、技术学校、广场公园……

28. 是否获得良种补贴？□是　□否

你认为农业补贴能否刺激农户提高农产品产量和品质？
_____

　　为什么？何种补贴方式更好？_____

29. 您在集市上有没有铺位（门面）？　□已经有门面　□已经有铺位　□准备参与　□不参与

　　您认为集市的建设还有哪些需要完善？（如资金借贷、管理规范、环境整治、招商引资、扩大宣传等）
_____

30. 您知不知道商贸大市场中心党委？□知道　□不知道

　　如果知道，您认为是干什么的？_____

　　如果不知道，您未来想不想去了解？□想了解　□不想了解

三　历史情况

31. 请问您：本村人有哪些特殊的生活方式（衣食住行等）？
_____

32. 请问您：本村人有哪些特殊的风俗习惯及乡土民情？
_____

33. 请问您：您家里出了不好裁决的事情，会去找谁帮忙？为什么？
_____

34. 请问您：您对您现在生活状态的评价如何？
_____

35. 请问您：您期望的定居环境是什么样的？为什么？
_____

C 卷
（村民委员会或农村社区填写）

一　村（社区）基本情况

1. 村委会或社区的名称_____省_____市（县）_____乡（镇）_____村（社区）

2. 村（社区）现有_____人，外来务工（或外来居住人员）_____人，外出打工的_____人

3. 你们村由几个自然村（自然村庄、屯、湾子）组成？
①1 个　②2～5 个　③5 个及以上

4. 如设立了农村社区，社区建设的范围和基础是：_____
①在现在的行政村的基础上建立的　②在现在的自然村（庄、屯）基础上建立的　③在现在的村民小组（队、社）基础上建立的　④几个行政村联合建立的　⑤在几个村民小组（队、社）基础上建立的　⑥其他

5. 本村经济和就业主要是（可多选）：

①工业 ②农业 ③商贸 ④林业 ⑤渔业 ⑥牧业 ⑦其他_____

6. 本村 2009 年产值为_____万元，农民年人均纯收入为_____万元

7. 村两委组成成员（或社区管理和服务人员）共_____人

8. 你们村（社区）村民是只有一姓还是多个姓？

①只有一个姓 ②有一个大姓，其他为小姓 ③多姓村，没有大姓

9. 你们村有没有族长、祠堂或修族谱活动？

①有 ②没有

10. 你们村（社区）比较大的工厂和企业是谁所有的？

①我们村没有工厂和企业 ②全村集体所有 ③村民小组（队、屯）所有的 ④一些村民自己入股创办 ⑤个体私营的 ⑥外来的人创办的 ⑦其他（请注明_____）

11. 你们村信教（佛教、基督教等）的人多吗？

①本村没有人信教 ②本村有信教的，但不多 ③本村信教的人比较多

12. 您村近十年有没有与邻村发生过冲突？（如因土地面积或其他原因造成两村冲突）

①有 ②没有

二 村（社区）收支情况

	数据（万元）		数据（万元）
1. 2009 年本村（社区）村级总收入		2. 2009 年本村（社区）村级总支出	
①发包租赁及上交收入		①生产建设性支出	
②集体统一经营收入		②公共设施投入	
③筹资筹劳款		③公益福利支出	
④上级补助拨款		④干部及服务人员工资补助	

续表

	数据 （万元）		数据 （万元）
⑤捐赠款物		⑤管理办公费支出	
⑥原有积累		⑥其他	
⑦其他			
3. 本村（社区）是否有债务？			
①没有			
②有，本村实有债务_____万元	债务构成	①欠政府（财政）_____万元，②欠银行_____万元，③欠信用社_____万元，④欠农民（个人）_____万元，⑤其他_____万元	
4. 本村（社区）是否有债权？			
①没有			
②有，本村实有债权_____万元	债务构成	①政府拖欠_____万元，②企业欠款_____万元，③农民拖欠_____万元，④其他_____万元	
5. 本村（社区）以村名义的投资情况	①兴办企业　②入股当地（含外村）合作社、合伙公司或（法定之外的）非银行的公司　③购买上市公司证券（炒股）　④放贷　⑤购买债券　⑥参与集资　⑦其他形式（请写出名称）_____		

注："发包租赁及上交收入"中的"发包租赁"是指村民委员会通过将集体所有的资源、资产以及集体依法取得使用权的国家资源资产，例如土地、牧场、林场、商品用房等，通过承包、租赁等方式转让经营权、使用权而获得的承包费、租赁费等使用费用；"上交收入"是指由村民委员会投资兴办各种性质的厂矿企业上交给村集体的收入。"集体统一经营收入"是指村民委员会经营、出卖或转让集体所有的资源、资产、以及集体依法取得使用权的国家资源资产，以及通过对内对外投资而获得的各种收入。"筹资筹劳款"是指村民委员会为兴办集体公益福利事业而专门向村民收集的专款专用经费。"上级补助拨款"是指上级政府及其职能部门通过各种渠道和方式拨付或者返还给村民或村民委员会使用的各种专门补助费和补偿费。"捐赠款物"是指个人、组织等无偿提供给村民委员会支配使用的财物。"原有积累"是指村民委员会上年转移下来的集体积累资金。"生产建设性支出"是指村民委员会用来改善农业生产条件（如河道水利、土地整理等），以及新建扩建村集体经济项目的全部支出。"公共设施投入"是指村民委员会修建本村道路、安全饮水工程、改厕改气工程、办公服务中心等公共基础设施的投入。"公益福利支出"是用于村民及干部社保、医疗及节假日福利补助等开支。"干部及服务人员工资补助"是指用于支付村组干部、管理和服务人员的人头经费。"管理办公费支出"是指村民委员会在村务管理活动中所需的各种必要开支。

三 村（社区）办公及服务设施建设投入与融资

	面积（m²）	建设时间	总投资及其构成（万元）	
1. 村两委会办公楼建筑			①上级政府补助	
			②集体自筹	
			③农民集资	
			④银行借款	
			⑤其他私人借款	
2. 有社区综合服务中心吗？	①有		②没有	
村委会办公楼与社区综合服务中心是否是合一的？	①是		②否	

	面积（m²）	建设时间	总投资及其构成（万元）	
3. 如新建了社区综合服务中心			①上级政府补助	
			②集体自筹	
			③农民集资	
			④银行借款	
			⑤其他私人借款	

4. 是否设有如下办公、服务机构及设施，如有，其面积多少（如没有，请填0）

	建筑面积（m²）		建筑面积（m²）
党支部办公室		村委会办公室	
会议室（礼堂、报告厅）		综合服务大厅	
文化室（图书室）		医务室	
警务室		农技推广站（室）	
健身房		敬（养）老院	
户外文化活动广场		电影院	

续表

	建筑面积（m²）		建筑面积（m²）
幼儿园		便民（慈善）超市	
小学		球场	
公交车站（码头）		商店（日杂百货店）	
餐饮店（早点摊、餐馆）		菜场	
储蓄所		邮局或邮筒	
寺庙			

其他（请列出名称及面积）：

注：上述办公及服务机构如有共用，请在此注明：

	总投资（万元）	资金来源（万元）	
5. 村（社区）道路"村村通"工程		①上级政府及财政投入	
		②本级积累自有资金	
		③银行贷款	
		④信用社贷款	
		⑤本村农民及社会集资	
		⑥私人借贷	
		⑦非银行的公司	
		⑧其他形式	
	总投资（万元）	资金来源（万元）	
6. 村（社区）安全饮水（自来水）工程		①上级政府及财政投入	
		②本级积累自有资金	
		③银行贷款	
		④信用社贷款	
		⑤本村农民及社会集资	
		⑥私人借贷	
		⑦非银行的公司	
		⑧其他形式	

续表

	总投资（万元）	资金来源（万元）	
7. 村（社区）污水处理工程		①上级政府及财政投入	
		②本级积累自有资金	
		③银行贷款	
		④信用社贷款	
		⑤本村农民及社会集资	
		⑥私人借贷	
		⑦非银行的公司	
		⑧其他形式	
8. 村（社区）改厕改气（沼气）工程	总投资（万元）	资金来源（万元）	
		①上级政府及财政投入	
		②本级积累自有资金	
		③银行贷款	
		④信用社贷款	
		⑤本村农民及社会集资	
		⑥私人借贷	
		⑦非银行的公司	
		⑧其他形式	
9. 村（社区）信息化（党员远程教育）工程	总投资（万元）	资金来源（万元）	
		①上级政府及财政投入	
		②本级积累自有资金	
		③银行贷款	
		④信用社贷款	
		⑤本村农民及社会集资	
		⑥私人借贷	
		⑦非银行的公司	
		⑧其他形式	

续表

	总投资（万元）	资金来源（万元）	
10. 村（社区）公益性（群众"一事一议"）工程		①上级政府及财政投入	
		②本级积累自有资金	
		③银行贷款	
		④信用社贷款	
		⑤本村农民及社会集资	
		⑥私人借贷	
		⑦非银行的公司	
		⑧其他形式	

四 村（社区）经济和生产投入与融资

1. 村（社区）过去三年发展生产和经济方面是否从银行贷过款吗？

①是，贷过款 ②没有贷过款

2. 村（社区）过去三年发展生产和经济方面是否从农村信用社（邮政储蓄）贷过款？

①是，贷过款 ②没有贷过款

3. 村（社区）过去三年发展生产和经济方面是否从上级政府及财政部门获得过支农资金？

①是，获得过 ②没有获得过

4. 村（社区）过去三年发展生产和经济方面是否从其他私人高息贷过款？

①是，贷过款 ②没有贷过款

5. 过去三年村（社区）经济发展和生产投资最大一笔借款（贷款）的来源是：

①上级政府及财政投入 ②本级积累自有资金 ③银行贷款 ④信用社贷款 ⑤本村农民及社会集资 ⑥私人借贷 ⑦（法定之外的）非银行的公司 ⑧其他形式

6. 村（社区）近五年"招商引资"共引资_____万元

7. 村（社区）近五年共争取上级项目资金_____万元

五　需求与建议

1. 当前村集体（社区）在银行和信用社贷款方便吗？

①很方便　②比较方便　③不太方便　④很不方便

2. 如果当前在银行、信用社存款取款不方便，主要困难和问题是什么（限选三项）？

①银行服务网点太少　②存款取款银行太远　③银行服务态度不好　④存款利息太低　⑤没有私人借款方便

3. 本村（社区）目前需要借款或贷款吗？

①需要，如果需要，想贷多少钱_____（万元）主要用于什么（请写出数量和用途）_____　②不需要

4. 如果要借款和贷款，村（社区）准备从哪里借款？

①上级政府及财政支持　②从银行贷款　③从信用社贷款　④向本村农民及社会集资　⑤向私人借贷　⑥（法定之外的）非银行的公司　⑦其他形式

5. 如果村（社区）向银行或信用社贷款困难，主要原因是什么（限选三项）？

①放款数量太少，不够用　②手续太复杂，不方便　③贷款利息比较高，受不了　④没有可抵押的财产，贷不了　⑤没有关系，贷不到　⑥村级（社区）组织没有信誉，难贷款

6. 你们认为当前建立和发展农村合作金融机构（如兴办村镇银行、小额贷款公司）可行吗？

①有必要，可行　②有必要，但有风险　③不可行，风险太大

7. 你们认为是否应该允许村（社区）用集体的土地、林地（山林）来抵押贷款？

①应该　②不应该

8. 你们认为是否应该允许村（社区）将集体的非农建设用地直接上市招标拍卖以融资？

①应该 ②不应该

非常感谢您参与此项调查！如有其他建议、希望和要求请写出：

_____

附录二 座谈/访谈提纲

座谈提纲——

一 村户情况

1. 本村所在乡（镇）是否与其他乡（镇）合并过？

每次合并的时间？

参与合并的乡镇名称？

合并后的名称变化？

2. 本村与其他村是否合并（拆分）过？时间？过程？

合并前后本村村民到村委会办事有什么变化？（更方便、更不方便、差不多、不知道）

本村合并前所管辖的区域？

本村合并后所管辖的区域？

3. 本村总共有多少人？（按时间顺序，要尽可能有的历史资料，比如1995年、1998年、2004年、2008年等）

有多少女性？

有多少外来人口？

4. 本村总共有多少户人家？（按时间顺序，要尽可能有的历史资料，比如1995年、1998年、2004年、2008年等）

有多少户有本村户口？

有多少户户口不在本村？

5. 请列举下列年份（1995年、1998年、2004年、2008年）迁入本村的住户户数和迁出本村的住户户数：（同上）

6. 请列出因各种原因迁入（迁出）本村的户数（按照年份）：

迁入：婚姻及家庭团聚/买房/其他

迁出：上学迁出/参军迁出/婚嫁或家庭团聚迁出/前往城镇/成为小城镇户口或购房迁出/土地被征用迁出/其他

7. 请列出本村五保户的人数（按照年份）

8. 本村主要姓氏种数：

9. 户口不在本村的人的主要姓氏种数：

10. 请列举少数民族户数（按照年份）：

11. 本村共有多少个党支部（按照年份）？

有多少个企业党支部（按照年份）？

12. 本村共有多少名党员？（1995年、1998年、2001年、2004年、2008年变迁数）

有多少女性党员？

13. 请列举下列年份中至少有一人在外打工的农户户数：

至少有一个人在外打工的农户户数：（1995年、1998年、2001年、2004年、2008年变迁数）

有人在附近打工的农户户数：（1995年、1998年、2001年、2004年、2008年变迁数）

有人在村外承包土地的农户户数：（1995年、1998年、2001年、2004年、2008年变迁数）

14. 请列举在下列年份中有劳动力长期在外打工的农户户数以及长期在外打工的男性劳动力和女性劳动力人数：

户数：（1995年、1998年、2001年、2004年、2008年变迁数）

男性人数：（1995年、1998年、2001年、2004年、2008年变迁数）

女性人数：（1995年、1998年、2001年、2004年、2008年变迁数）

15. 请列举在下列年份中有劳动力长期在外打工的农户中：全家外出打工的户数、丈夫外出打工妻子留在家中的户数、妻子外出打工丈夫留在家中的户数。

全家在外的户数：（1995年、1998年、2001年、2004年、2008年变迁数）

丈夫在外的户数：（1995年、1998年、2001年、2004年、2008年变迁数）

妻子在外的户数：（1995年、1998年、2001年、2004年、2008年变迁数）

16. 请列举夫妇俩长期在外打工孩子留属情况：

孩子一同随去打工的：（1995年、1998年、2001年、2004年、2008年变迁数）

12岁以下孩子留在家中的：（1995年、1998年、2001年、2004年、2008年变迁数）

12~18岁孩子留在家中的：（1995年、1998年、2001年、2004年、2008年变迁数）

17. 夫妇俩长期在外打工，18岁以下留在家中的孩子主要由谁监管：

爷爷奶奶辈/其他亲戚/政府组织/自己独立/其他/不知道

18. 短期在外打工（一年少于6个月）者中，男性和女性的人数：

男性：（1995年、1998年、2001年、2004年、2008年变迁数）

女性：（1995年、1998年、2001年、2004年、2008年变迁数）

19. 本村村民是通过什么方式外出打工的？

亲戚朋友介绍/劳务中介/政府组织/其他

20. 本村还有可以转移而未转移出去的劳动力吗？

有很多、有一些、基本没有、不知道

21. 村里出去打工的人遇到过劳务纠纷吗？

本村有没有帮助解决过劳务纠纷？

22. 本村有没有职业中介机构？有哪些？由谁开的？如何运作？

二 土地情况

23. 本村的土地总面积以及其中耕地、林地、果园、鱼塘和荒地的面积：

土地：（1995年、1998年、2001年、2004年、2008年变迁数）

耕地：（1995年、1998年、2001年、2004年、2008年变迁数）

林地：（1995年、1998年、2001年、2004年、2008年变迁数）

果园：（1995年、1998年、2001年、2004年、2008年变迁数）

鱼塘：（1995年、1998年、2001年、2004年、2008年变迁数）

荒地：（1995年、1998年、2001年、2004年、2008年变迁数）

24. 本村有多少农民没有土地？

有多少农民由于征地而失去土地？有多少农民由于土地转包而失去土地？

有多少新出生或新婚而未分到土地？

25. 请列举在下列年份本村的机动田、承包田、自留地（山）和鱼塘的面积（1995年、1998年、2001年、2004年、2008年变迁数）：

机动田、承包田、自留地（山）和鱼塘

26. 请列举在下列年份村里总的责任田面积和人均责任田的面积：

责任田面积（1995年、1998年、2001年、2004年、2008年变迁数）：

人均责任田面积（1995年、1998年、2001年、2004年、2008年变迁数）：

27. 1988年以来本村土地调整了几次？

28. 雇外地人种地的户数（按照年份）：

把所分得的土地退还给集体的农户数（按照年份）：

把土地转包给本村人的农户户数（按照年份）：

有田不种任其抛荒的农户数（按照年份）：

29. 耕地转包是否要村里人批准？

30. 撂荒的土地面积：

31. 本村的主要粮食作物（变迁数）：

本村的主要经济作物（变迁数）：

其他主要农副产品（变迁数）：

32. 销售给国家的粮食都是本村生产的吗？如果不是，那么，为了满足销售任务，购得的粮食是多少斤？

33. 下列哪些服务是由村提供或管理的：买种子、买化肥、买其他农用物资、耕田、播种、灌溉、植保、收割、农产品销售、畜牧业服务、其他。

34. 本村是否有各类协会（如生产协会、专业技术类协会、娱乐类协会、学习类组织等）？

最活跃的协会有多少人参加？

35. 有没有村办企业？总产值？总职工数？雇用情况？具体情况？

三　基础设施与公共服务

36. 是否有本村的小孩在上幼儿园（变迁数）？在哪里上？从村里（如果村内有，则此处是村委会）到最常去的幼儿园的距离？

是否有小学？数目（变迁数）？从村里（如果村内有，则此处是村委会）到最常去的小学的距离？1995年以来是否发生过撤并？何时撤并？撤并后师资水平、教学质量有无提高？

是否有中学？（问题同上）

37. 本村村民大致文化程度：小学以下、读完小学、读完初中、读完高中、读完大专或以上。

38. 本村到最近的邮局的距离？到电信（移动）公司的距离？

本村有无图书馆？

到最近派出所的距离？

到最近银行网点的距离？

有无敬老院？

39. 本村能否看上电影（戏）？通常一年能看上电影（戏）的场数？

40. 本村商店的数目？（列出）

41. 本村农贸市场的数目？从村到最近的农贸市场的距离？

42. 本村农民在冬天主要用什么方式取暖？

43. 本村诊所的数目？（如果没有，那么则是到最近诊所的距离；如果有，列出）本村年人均公费医疗为每人多少钱（最好有变迁数）？公费医疗来源？

44. 村民哪一年开始参加养老保险？个人、集体、政府分别的缴费额？

本村是否提供健康保险？

45. 本村实行农村低保制度是哪一年？获保人数（变迁数）？发放金额？

46. 村集体给低保户的补助情况？

46. 村民是以何种方式知道低保政策的？（村大会通知、村干部口头通知、相关纸质宣传资料、其他、不知道）

47. 低保名单是否张榜公布？

48. 本村哪年开始实行新农合？参加人数？报销数？（详单）筹资水平？（中央财政、省、市、县、乡镇、村、个人比例）

49. 是否实行良种补贴？获补农民有多少？补贴标准为多少？

50. 你认为农业补贴能否刺激农户提高农产品产量和品质？为什么？何种补贴方式更好？

51. 本村祠堂、族谱、寺庙、教堂的总数目、建立时间及具有宗教信仰的总人数（变迁数）？

52. 本村哪一年开始用上自来水、水井、引水渠？

53. 本村哪一年开始出现电灯？拉电的资金来源？（政府拨款、企业出资、农户集资、县财政出资、其他）

54. 使用液化气的比例？使用沼气的比例？

55. 是否有村集体的固定电话？哪一年开始有？有多少部？是否有传真？是否有电脑？是否有广播站？电视机、小汽车、卡车、摩托车、大型农机具拥有情况。

56. 自来水、电、电视机、电冰箱、洗衣机、DVD、固话电话、手机、电脑、小汽车、摩托车、卡车、拖拉机的普及率？

57. 乡镇与村之间的马路为：柏油路、砂石路、土路、其他？

58. 村到乡镇的距离？是否有公共交通？每趟间隔时间？村到县城的距离？是否有公共交通？每趟间隔时间？

59. 村到最近集市的距离？之间的道路状况如何？是否有公共交通？时间间隔？

60. 村到最近的火车站的距离？

访谈提纲

1. 个人基本情况：是不是本村人？年龄？婚否？是不是家庭"当家的"？主要从事什么行业？有没有外出打工？外出打工的年限？每年投入外出打工的时间？未来还会不会进一步外出打工？在本村有无担任公共职务？年限？平常参与不参与村内公共事务？去过最远的地方？为什么去？业余爱好？每天的时间基本安排？

2. 家庭基本情况：是不是本村户？有没有族谱（家庭简史）？拥有土地数量？主要耕种者是谁？分家的情况？分家后家庭组合的情况？土地归属情况？现家庭几口人？家庭每个人基本情况？家庭有无外出打工情况？打工所得基本支配（买房？添设家庭用品？教育？医疗？等等）家庭房屋搬迁情况？（搬迁区域？是否盖建新房或者在村以外购买新房？有的话，在哪里？为什么？）

3. 社会关系基本情况：姻亲的分布？主要交往亲朋好友的分布？平常交往的圈子？（为什么？以兴趣爱好为主？以共同利益

为主？以互帮互助为主？）在家庭或自己出了不易解决的问题或是纠纷之后，会找谁来协调？

4. 经济、社会活动基本情况：家庭产品分配（包括售出）渠道（包括劳力以及农副产品）？销售人？家庭用品购入渠道和地区？购入人？家庭成员姻亲选择范围和地区？家庭成员教育地区？家庭成员医疗方式和所选地点？家庭成员参与主要娱乐方式以及地区？家庭主要社会活动时间表（农事、打工往返、节庆）？

5. 主观问题：记忆最深的一个人是谁？记忆最深的一个地方是哪里？记忆最深的一段生活是哪段？个人认为村里最有威望的人是谁（历史或者现实都可以）？个人期望定居地点？为什么？个人期望的定居环境？为什么？个人对幸福生活的定义？个人对目前生活状态的评价？个人为未来生活的期望？

6. 大事记：所能记得的重要事项（涉及个人、家庭、村庄均可）。

图书在版编目(CIP)数据

从封闭到开放：一个中国乡村社区的认同与治理／蔡杨著. -- 北京：社会科学文献出版社，2021.10
ISBN 978 - 7 - 5201 - 9206 - 4

Ⅰ.①从… Ⅱ.①蔡… Ⅲ.①农村社区－社区管理－研究－中国 Ⅳ.①D669.3

中国版本图书馆 CIP 数据核字（2021）第 210782 号

从封闭到开放：一个中国乡村社区的认同与治理

著　　者／蔡　杨

出 版 人／王利民
责任编辑／胡庆英
责任印制／王京美

出　　版／社会科学文献出版社·群学出版分社（010）59366453
　　　　　地址：北京市北三环中路甲29号院华龙大厦　邮编：100029
　　　　　网址：www.ssap.com.cn

发　　行／市场营销中心（010）59367081　59367083
印　　装／三河市尚艺印装有限公司

规　　格／开　本：787mm×1092mm　1/16
　　　　　印　张：14　字　数：186千字
版　　次／2021年10月第1版　2021年10月第1次印刷
书　　号／ISBN 978 - 7 - 5201 - 9206 - 4
定　　价／79.00元

本书如有印装质量问题，请与读者服务中心（010 - 59367028）联系

▲ 版权所有 翻印必究